DE LA TEORÍA
A LA PRÁCTICA EN
LA GANADERÍA
DE CARNE

DE LA TEORÍA A LA PRÁCTICA EN LA GANADERÍA DE CARNE

MANUAL DE PRÁCTICAS

MVZ. MES. DR. José Antonio Fernández Rodiles
MVZ. MCPSA. Adolfo Kunio Yabuta Osorio

Número de Control de la Biblioteca del Congreso de EE. UU.:   2014912126
ISBN: Tapa Dura   978-1-4633-8789-1
              Tapa Blanda   978-1-4633-8788-4
              Libro Electrónico   978-1-4633-8787-7

Este libro fue impreso en los Estados Unidos de América.

Fecha de revisión: 14/07/2014

Para realizar pedidos de este libro, contacte con:
Palibrio LLC
1663 Liberty Drive
Suite 200
Bloomington, IN 47403
Gratis desde EE. UU. al 877.407.5847
Gratis desde México al 01.800.288.2243
Gratis desde España al 900.866.949
Desde otro país al +1.812.671.9757
Fax: 01.812.355.1576
ventas@palibrio.com
650590

ÍNDICE

PRESENTACIÓN

Esta recopilación reúne los diferentes formatos de las prácticas del curso **PRÁCTICAS ZOOTECNIA DE BOVINOS PRODUCTORES DE CARNE II** que se imparte en la carrera de Médico Veterinario Zootecnista de la Facultad de Medicina Veterinaria y Zootecnia de la UNAM.

En la elaboración de este manual se procedió a revisar tanto la forma como el contenido de los formatos, respetando el programa de la asignatura teórica correspondiente[1]. Los formatos de prácticas se han ajustado o elaborado de acuerdo a los últimos cambios al programa.

El propósito de este manual es que el estudiante tenga un material de apoyo para reforzar lo aprendido en teoría y lo aplique en la realidad a través de las prácticas de campo, esperando con ello lograr un mejor aprovechamiento y aprendizaje.

Es importante señalar que las prácticas de campo tienen como finalidad el permitir que el estudiante de medicina veterinaria y zootecnia afronte con agilidad, rapidez y economía de tiempo y esfuerzo las situaciones constantes y rutinarias de la vida y del trabajo lo que le permitirá su adaptación al ambiente físico, social propio de su profesión. En ese sentido, es importante enfatizar que la adquisición de esas habilidades y destrezas sólo puede producirse por medio de la repetición o el seleccionado de manera intencional de aquellas actividades que contribuyan a que el estudiante desempeñe mejor sus funciones en su profesión.

Por ello, es necesario que todo profesor discrimine, con la mayor claridad y precisión, cuáles son las habilidades y destrezas que en su asignatura importan; realice el plan de trabajo para lograr esas metas

---

[1]   Aprobado por el Consejo Académico de Área de las Ciencias Biológicas y de la Salud el 20 de enero de 2005 Aprobada la modificación por el H. Consejo Técnico de la FMVZ, el 2 de diciembre de 2013

(habilidades y destrezas) que deben ser propuestas a los estudiantes; y finalmente, haga que los estudiantes vayan adquiriendo, poco a poco y con perfección creciente, cada una de las destrezas y habilidades específicas previstas, mediante trabajos prácticos y ejercicios apropiados y bien orientados.

Este manual trata de responder a ese propósito ya que de esta serie de habilidades y destrezas por desarrollar en el estudiante depende su preparación para la vida y para su ejercicio profesional.

Plan del manual

El manual está estructurado para el trabajo en equipo. Se ha considerado que el trabajo en equipo es necesario y fundamental en cualquier nivel educativo. Si queremos lograr profesionistas seguros, solidarios y útiles a la sociedad, es esencial fomentarlo en nuestros estudiantes para que estos logren un alto desempeño y profesionalismo cuando el ejercicio de su profesión les demande llevar a cabo una tarea compleja caracterizada por un alto grado de interdependencia.

Con el fin de ayudar a los alumnos de Prácticas de Zootecnia de Bovinos de Carne II a comprender lo que pueden hacer para transformar a sus grupos de trabajo en equipos de alto desempeño, este manual comienza, en la práctica 1, con un ejercicio en equipo que permitirá al estudiante analizar, clasificar y evaluar, en el contexto donde se lleve a cabo la práctica de campo, el sistema o sistemas de producción que serán objeto de estudio dentro de la cadena de producción de carne bovina en nuestro país. En la práctica 2 el estudiante evaluará los grupos genéticos en diferentes ambientes y su comportamiento y los efectos que tiene el medio ambiente en los animales mediante el análisis del desarrollo del animal y su conformación. Así mismo, analizará información a partir de datos para describir procesos o fenómenos climáticos y biológicos a través del aprovechamiento de los modelos matemáticos. En la práctica 3, el estudiante evaluará y diseñará instalaciones de la unidad de producción con base en la estructura del hato y las medidas y especificaciones en cada una de las zonas y sus respectivos componentes. La práctica 4 se enfoca en que el estudiante desarrolle su habilidad para comparar grupos genéticos con base en diferencias genéticas considerando indicadores de peso al nacimiento, peso al destete y pos destete, conversión alimenticia y características de la canal. En la práctica 5, el estudiante evaluará a las vaquillas, vacas, toretes y sementales que se seleccionan como pie de cría mediante modelos de pruebas de comportamiento y establecerá un programa reproductivo para un hato especializado en la producción de carne. Las prácticas 6 y 7 abarcan los elementos básicos para poner a prueba la habilidad del estudiante para evaluar raciones alimenticias de los lotes de engorda en corral, así como evaluar la respuesta de los animales a los diferentes sistemas de pastoreo y suplementación y aplicar los conocimientos para la elaboración de programas de alimentación y suplementación en sistemas con base en el pastoreo. Con la práctica 8, se pretende que el estudiante evalúe y elabore el programa de bioseguridad y medicina preventiva de una determinada unidad de producción de bovinos de carne. La práctica 9 pretende que el estudiante desarrolle la habilidad para evaluar los parámetros reproductivos y productivos de una unidad de producción determinada, así como la habilidad para establecer un balance de resultados productivos y reproductivos de dicha unidad. La práctica 10 se enfoca en que el estudiante evalúe el uso actual de los recursos de la empresa y determine las posibles causas de valores por debajo de las metas establecidas. Por último, la práctica 11 pretende que el estudiante desarrolle la habilidad para elaborar un desarrollo de hato ya sea en sistemas vaca-becerro o en sistemas de engorda en corral.

PRÁCTICA 1

ORGANIZACIÓN DE LA PRODUCCIÓN

INTRODUCCIÓN

En México la producción de carne bovina es una de las principales actividades productivas del sector agrícola debido a la disponibilidad y utilización de sus recursos naturales. Por su importancia, este sistema de producción contribuye con un porcentaje  importante tanto en la producción como en el consumo interno de carne en nuestro país. México tiene poco más de 196 millones de hectáreas de los cuales, el 28 % de éstas se encuentra en los trópicos húmedo y seco.

Para entender cuáles son los retos que enfrenta la ganadería de bovinos de carne en nuestro país, es importante hacer un análisis y evaluación de la situación de los sistemas de producción de carne bovina actual, tomando en consideración que los factores agroecológicos determinan las formas de producción, las razas de ganado que se utilizan y los productos que se ofertan en el mercado (nacional o exportación) (García, 2003).

 No obstante la disponibilidad de recursos forrajeros en nuestro país, la ganadería tropical enfrenta problemas relacionados con la baja productividad, nivel tecnológico, bajos precios pagados al productor y la falta de inversión tanto pública como privada que impacta en la cantidad como en la calidad de los productos generados por esta actividad (leche y carne) (Pech *et al.*, 2002; Urdaneta *et al.*, 2004; SAGARPA, 2006).

Uno de los principales problemas en la región tropical de nuestro país es la comercialización de sus productos ya que éstos se comercializan principalmente a través de intermediarios quienes controlan el mercado, precio y obtienen mayores ganancias; por ejemplo, cuando uno compara la lista de precios al consumidor de los últimos años, se puede percatar de que el precio pagado al productor por el litro de leche es de $5.00 y el kg de carne en peso vivo es de $22.00, mientras que el precio que paga el consumidor final por estos productos es de $12.00/L leche y $ 60/kg carne lo cual resulta en una diferencia considerable en la distribución del dinero en el proceso de acopio, transformación y distribución de los productos. También, es necesario tener en cuenta que los sistemas de producción de bovinos de carne van desde los sistemas de producción altamente tecnificados e integrados hasta los orientados al autoconsumo en la familia campesina (Espinosa *et al.*, 2000).

De lo anterior, resulta de gran importancia que en la formación del médico veterinario zootecnista, se contemple el estudio y la contextualización de los sistemas de producción bovina de carne existentes en nuestro país, con el fin de generar propuestas que tiendan a incidir en una mejora de la productividad ganadera bovina actual.

OBJETIVO GENERAL

El estudiante analizará, clasificará y evaluará, en el contexto donde se lleve a cabo la práctica de campo, el sistema o sistemas de producción que serán objeto de estudio dentro de la cadena de producción de carne bovina en nuestro país.

OBJETIVOS ESPECÍFICOS

Que el estudiante:

- Integre los conocimientos adquiridos en su formación académica para caracterizar el sistema de producción, objeto de estudio.
- Aprenda a hacer un protocolo de investigación para catalogar a ese sistema.
- Evalúe dicho sistema en términos de salud, eficiencia y eficacia productiva, así como en rentabilidad y sustentabilidad.
- Plantee alternativas para corregir e incrementar los índices productivos de ese sistema de producción.
- Describa la metodología empleada para realizar la investigación.

ACTIVIDADES

1. El estudiante, en el contexto de las unidades de producción de bovinos, tanto en el trópico como en el altiplano, realizará en equipo las siguientes actividades:

2. Caracterizará el modelo de producción indicado por el profesor con base en lo visto en sus clases teóricas. Por ejemplo, entre otras cosas, definirá el sistema de producción y su ubicación dentro de la cadena de producción y mercado de ganado de carne bovina.

3. Señalará factores claves que determinan el éxito o el buen funcionamiento de una empresa ganadera. Por ejemplo, cuáles son: el grado de motivación del propietario, las actitudes de sus colaboradores, las características y recursos de todo tipo con que cuenta la empresa, el contexto ambiental o regional, así como el nivel técnico de la misma, entre otros.

4. Actuará como un MVZ profesional, asesor de empresas pecuarias dedicadas a la ganadería de bovinos de carne. Para ello, el profesor realizará un ejercicio práctico de análisis con los estudiantes, a partir de ver en grupo, un programa de la serie de tv, "infierno en la cocina". Los estudiantes observarán detenidamente el programa seleccionado por el profesor, luego definirán las características que reúne el Cheff protagonista de la serie e integrarán estas y otras características discutidas en grupo al actuar del MVZ asesor profesional de empresas pecuarias dedicadas a la ganadería de bovinos de carne.

5. Elaborará un reporte sobre el diseño metodológico empleado para evaluar una unidad de producción de bovinos de carne, partiendo de un protocolo de entrevista elaborado en equipo.

HABILIDADES Y DESTREZAS A ADQUIRIR

1. Habilidad para caracterizar el modelo de producción con base en lo visto en sus clases teóricas.

2. Habilidad para elaborar un protocolo de entrevista.

3. Habilidad para presentar un informe sobre las observaciones y recomendaciones derivadas del análisis y evaluación de un sistema de producción de carne bovina tanto en el trópico como en el altiplano.

4. Habilidad para actuar como un MVZ profesional, asesor de empresas pecuarias dedicadas a la ganadería de bovinos de carne.

DESARROLLO DE LA PRÁCTICA

La práctica inicia con una sesión introductoria por parte del profesor que permite al estudiante familiarizarse con el contexto y con la unidad de producción ganadera objeto de estudio.

Ya en la unidad de producción animal, los estudiantes procederán a integrar los conocimientos adquiridos en su formación académica para caracterizar el sistema de producción.

Formados los equipos, cada uno de ellos hará un protocolo de investigación para catalogar a ese sistema.

Con base en este protocolo, evaluarán dicho sistema en términos de salud, y eficiencia productiva, así como en rentabilidad y sustentabilidad. Posteriormente plantearán por escrito las alternativas tendientes a corregir e incrementar los índices productivos de ese sistema de producción, y finalmente;

Describirán la metodología que emplearon para realizar la investigación.

Concluido lo anterior, se hará una mesa de debate con el objeto de intercambiar observaciones y retroalimentar las experiencias de cada equipo.

FORMA DE EVALUACIÓN DE LA PRÁCTICA

Los estudiantes entregarán un informe por escrito, el cual contemplará:

- La ubicación de la explotación ganadera objeto de estudio, dentro de la cadena de producción y mercado de ganado de carne bovina.
- Las características y recursos de todo tipo con que cuenta la empresa, el contexto ambiental o regional, así como entre otros, el nivel técnico de la misma.
- El grado de motivación del propietario y las actitudes de sus colaboradores al momento de la estancia en la unidad de producción animal.
- La metodología por cada equipo empleada para investigar o evaluar una unidad de producción partiendo de cómo sería su actuar ante el propietario y colaboradores, es decir, su actuar ante una situación real.

- Una breve reflexión sobre las características que reúne el Chef protagonista de la serie televisiva, integrando otras características más al cómo debería actuar el MVZ profesional asesor de empresas pecuarias dedicadas a la ganadería de bovinos de carne.

- **La evaluación de esta práctica se complementa con el anexo A**

BIBLIOGRAFÍA

1. Espinosa, J., Matus-Gardea, J., Martínez, D. Santiago, Ma., Román, E., Bucio, L. 2000. Análisis económico de la tecnología bovina de doble propósito en Tabasco y Veracruz. Agrociencia 34 (5): 651-661.
2. García, C. M. 2003. Perspectivas de la ganadería tropical de México ante la globalización. Memoria del XXVII Congreso Nacional de Buiatría. Villahermosa, Tabasco. México. pp: 172-182.
3. Pech, V., Santos, J., Montes, R. 2002. Función de producción de la Ganadería de Doble Propósito en la Zona Oriente del Estado de Yucatán, México. Técnica Pecuaria en México. 40(2): 187-192
4. Secretaría de Agricultura, Ganadería, Desarrollo Rural, Pesca y Alimentación. SAGARPA, 2006. Situación actual y perspectivas de la carne de bovino en México. 48 p.
5. Urdaneta, F., Materan et al. 2004. Tipificación tecnológica del sistema de producción con ganadería bovina de doble propósito (*Bos Taurus X Bos Indicus*). Revista Científica Vol.14, (3) pp.254-262.

PRÁCTICA 2

EL GANADO Y SU MEDIO AMBIENTE

INTRODUCCIÓN

En un sistema productivo de bovinos de carne, el propósito final de los animales es convertir el alimento de menor calidad biológica (forrajes y granos) en un alimento con calidad superior para el consumo humano como la carne. La rentabilidad y sustentabilidad de tal actividad, dependerá principalmente de la tasa y la eficiencia con la que los animales realicen dicha conversión (Ames, 1980).

Desde hace mucho tiempo se ha reconocido la influencia de clima en la producción bovina (Arias, et al., 2008). El ambiente térmico usualmente es considerado como uno de los factores más importantes (no el único) que afectan la producción, especialmente cuando es descrito en forma de temperatura ambiente efectiva; es decir, como la combinación de temperatura, humedad relativa, radiación, velocidad del viento y precipitación pluvial (Ames, 1980). Además, las variaciones en el ambiente térmico para un determinado lugar, resultan de las variaciones y diferencias geográficas de la zona y las condiciones en el sistema de manejo (Ames, 1980).

El comportamiento productivo, la salud y el bienestar del ganado están influenciados de manera importante por el clima y el ambiente

(Mader, 2003; Arias, et al., 2008). Los animales viven en un estado de cercana interacción entre la complejidad de los procesos físicos, químicos y fisiológicos de su propio cuerpo y el entorno que les rodea, el cual puede afectar significativamente el desempeño económico del mismo (Arias, et al., 2008).

Los cambios desfavorables en el clima, inciden directamente sobre la bioenergética del animal, con efectos adversos al comportamiento productivo y bienestar del bovino (Hahn, 1997).

Cuando el ganado se enfrenta con amplias diferencias en la temperatura ambiente efectiva o cuando se encuentra fuera de la denominada zona termo neutral, el animal deberá compensar las variaciones de flujo de energía para mantener las funciones elementales compatibles con la vida (Ames, 1980; Arias *et al.*, 2008). Para lograr la homeostasis el organismo realiza ajustes metabólicos importantes, ya sea modificando el consumo, la eliminación de energía o el almacenamiento de ésta como producto (Ames, 1980). En circunstancias normales, las respuestas biológicas compensatorias del animal (fisiológicas y de comportamiento) pueden ser suficientes para que el animal recupere el estado fisiológico normal (Arias, et al., 2008).

Entre las modificaciones conductuales se encuentran el aprovechamiento de variaciones en el terreno u otras características topográficas como búsqueda de elementos cortavientos, aglomeración o agrupamiento, cambios de postura para minimizar la pérdida de calor en frío, disminución de la actividad, búsqueda de sombra para disminuir la exposición al calor radiante, sitios elevados (colina, cimas) para aumentar la exposición al viento o búsqueda de abrevaderos para beber o vadear en aguas para aumentar la disipación de calor a temperaturas altas (National Research Council, 1996). Los cambios fisiológicos usualmente asociados con los cambios agudos de temperatura incluyen escalofríos y sudoración, así como cambios en el consumo de alimento y agua, tasa de respiración, ritmo cardíaco y la actividad (National Research Council, 1996).

A pesar de que los bovinos puedan estar adaptados a las condiciones ambientales en las que viven, existen ocasiones donde los animales sufren estrés térmico y son incapaces de compensar el efecto ambiental, por lo que deberán establecer otro tipo de ajustes que le permitan adaptarse a dichos cambios (Hahn, 1997). El reajuste metabólico necesario implica a su vez cambios fisiológicos, o cambios en los requerimientos de nutrientes (consumo de energía), cambios de conducta (consumo de agua) y alteración en el comportamiento productivo (tasa de crecimiento, tasa de preñez, producción de leche, conversión alimenticia) del ganado y finalmente la eficiencia energética para la transformación del alimento en producto animal (Ames, 1980; Arias, et al., 2008). En muchos casos el nuevo ajuste puede implicar el sacrificio de ciertas funciones fisiológicas (Arias *et al.*, 2008). Desafortunadamente, la producción y la reproducción son una de las funciones frecuentemente sacrificables como parte de los mecanismos de control homeocinético (Arias, et al., 2008).

El entendimiento básico de la relación entre el ambiente, el ambiente térmico y el ganado es importante al evaluar el impacto sobre el comportamiento productivo del animal, salud y bienestar del ganado (Ames, 1980; Arias, et al., 2008). Los criadores y engordadores de ganado necesitan información relacionada con el *"cómo"* y el *"porqué"* los animales responden a los desafíos climáticos, para implementar tácticas, medidas y estrategias que permitan reducir las pérdidas durante los periodos o episodios en situaciones adversas (Hahn, 1997).

En la actualidad, ante las evidencias del calentamiento global, hay certeza de que los efectos ambientales pueden ser cada vez más menos benévolos (Gaughan, et al., 2012). De ahí que cada vez sea más importante que los sistemas de producción incorporen información relacionada con las respuestas del ganado a los desafíos del tiempo (Mader, 2003) para definir los nuevos lineamientos de sincronía del bovino con el ambiente. Con los antecedentes mencionados en las líneas precedentes, se pretende destacar la importancia de identificar a través de indicadores el estatus del ganado (indicadores climáticos e indicadores biológicos), predecir épocas críticas y sus efectos sobre el bienestar, la salud y la productividad del ganado (Gaughan, et al., 2008) (Mader, et al., 2010); Así como generar elementos de criterio que definan estrategias y lineamientos para mitigar o controlar los efectos climáticos en favor del confort, la salud, y la productividad del ganado, y hacer eficiente el proceso de la actividad ganadera.

OBJETIVO GENERAL

- El estudiante evaluará los grupos genéticos en diferentes ambientes y su comportamiento y los efectos que tiene el medio ambiente en los animales mediante el análisis del desarrollo del animal y su conformación. Así mismo, analizará información a partir de datos para describir procesos o fenómenos climáticos y biológicos a través del aprovechamiento de los modelos matemáticos.

OBJETIVOS ESPECÍFICOS

A través de esta práctica se pretende que el estudiante:

- Evalúe el comportamiento de los grupos genéticos en diferentes ambientes.
- Determine, con base en la identificación del animal, la edad, ancho de pelvis, alzada, longitud, peso y condición corporal.
- Analice información a partir de datos para describir procesos o fenómenos climáticos y biológicos a través del aprovechamiento de los modelos matemáticos.
- Utilice el valor descriptivo y predictivo de los modelos matemáticos para predecir los efectos de las variaciones

del clima sobre las respuestas biológicas (fisiológicas, comportamiento y bienestar) del ganado.

ACTIVIDADES

El estudiante, en el contexto de las unidades de producción de bovinos, tanto en el trópico como en el altiplano, realizará en equipo las siguientes actividades:

Descripción y caracterización climática del sitio de estudio.

1. Búsqueda de información geográfica y climática histórica (comprendiendo un periodo mayor a 10 años) de la unidad de producción sujeta a estudio.

2. Con base en información histórica recabada, el estudiante realizará la descripción climática-ambiental general del lugar basada en la información de factores climáticos históricos.

Análisis del comportamiento climático del último año en el lugar seleccionado.

1. Análisis histórico del comportamiento de las variables climáticas temporales del lugar elegido en el año de estudio.

2. Determinación de índices climáticos derivados e indicadores de estrés térmico.

3. Determinación de los periodos del año con mayor probabilidad de estrés térmico (frío o calor) para el ganado.

Evaluación de los efectos climáticos sobre el comportamiento fisiológico y bienestar del ganado durante un periodo crítico.

1. Cálculo de índices circadianos de estrés térmico del periodo crítico.

2. Estimación del comportamiento de los indicadores de bienestar, fisiológicos y metabólicos del animal, como consecuencia de las variaciones circadianas del clima durante los días críticos.

Planteamiento de medidas para mitigar los efectos del estrés térmico y definir lineamientos técnicos para su prevención.

1. Estimación de los ajustes necesarios en los requerimientos nutricionales para corregir los desbalances ocasionados por el efecto del estrés térmico.

2. Planteamiento de tácticas, estrategias y procedimientos para mitigar los efectos del estrés térmico.

Integración del reporte y presentación

Presentación de resultados mediante entrega de reporte y exposición oral.

HABILIDADES Y DESTREZAS A ADQUIRIR

Para la ejecución de la práctica los alumnos aplicarán un procedimiento metodológico basado en modelos matemáticos para caracterizar el ambiente climático de una determinada unidad de producción y determinar el efecto de las variaciones climáticas sobre el comportamiento del ganado. Con ello se pretende que el alumno desarrolle la habilidad para:

1. Integrar y aplicar conocimientos teóricos relacionados con el clima, la fisiología, el bienestar, la salud y la productividad del ganado, con el objeto de desarrollar la evaluación bioclimática de una unidad de producción.

2. Emplear y describir la metodología empleada para definir un protocolo de evaluación bioclimática.

3. Aplicar modelos matemáticos como medios para describir, estimar, simular o predecir fenómenos, patrones de

comportamiento, y tendencias en los procesos que requieran evaluación.

4. Estructurar conclusiones del análisis de información con la integración de sus conocimientos teóricos, y derivar con ello propuestas para realizar los ajustes necesarios en el sistema de manejo, la alimentación y el diseño de alojamientos para contrarrestar los efectos desfavorables de las variaciones climáticas.

DESARROLLO DE LA PRÁCTICA

La práctica iniciará con una sesión introductoria por parte del profesor para que el estudiante se familiarice con la importancia del ambiente climático de la unidad de producción ganadera y su relación con el comportamiento productivo, bienestar y salud del ganado.

Para el desarrollo de la práctica, el grupo se dividirá en equipos de trabajo donde cada equipo deberá seleccionar una unidad de producción ganadera en particular, sobre la cual realizarán la evaluación climática correspondiente. Como ejemplos podrán utilizarse los Centros de Enseñanza de la Facultad o cualquier otro modelo de producción privado.

Descripción y caracterización climática del sitio de estudio

- **Investigación de localización geográfica.** El equipo deberá investigar las coordenadas geográficas en cualquier medio disponible (electrónico o bibliográfico), que le permita conocer la altitud, longitud y altitud del sitio a evaluar.
- **Investigación climatológica del lugar.** Conocida la localización geográfica de la unidad de producción, recabará la información climática necesaria para un análisis de largo plazo. Para este caso, realizará la consulta retrospectiva a cualquier base de datos que le permita conocer información histórica circunscrita a un periodo mayor a 10 años. La información lograda deberá incluir los valores mensuales medios, máximos y mínimos de temperatura ambiente,

humedad relativa, velocidad del viento, nivel de radiación solar directa y precipitación pluvial del periodo completo. Para estos casos podrán utilizarse las fuentes bibliográficas o bases de datos en diversos sitios de internet. En la sección de bibliografía se sugieren algunas direcciones electrónicas de acceso libre.

- **Descripción climatográfica del lugar de interés.** Con la información obtenida, el equipo realizará la descripción climática del lugar en forma gráfica, utilizando recursos metodológicos como la climatografía y la hiterografía (Guichandut, 1983). El equipo elaborará un climatógrafo o climógrafo (adaptado por Wrigth en 1959) como se muestra en la figura 1 del anexo 1 y un diagrama hiterográfico (diagrama de Huntinghton, 1945) como se muestra en la figura 2 del mismo anexo.

- **Caracterización del potencial productivo forrajero.** Para determinar el potencial productivo forrajero y periodos potenciales de sequía se realizará la descripción hiterográfica del lugar mediante un diagrama de Huntinghton, 1945 (Guichandut, 1983) y se determinarán los periodos de sequía mediante la descripción ombrotérmica a través de un diagrama ombrotérmico (ver figura 3 del anexo 1) o diagrama de Gaussen-Walter (Hajek & Di Castri, 1975).

- **Análisis del comportamiento climático del último año en el lugar seleccionado.** El equipo obtendrá los datos relacionados con la temperatura, humedad relativa, velocidad del viento, radiación solar, registradas diariamente durante el último año.

De igual manera que el punto anterior, la información deberá ser organizada para hacer una descripción de la evolución de las variables a lo largo del año. Describirá el patrón de comportamiento climático en forma gráfica para facilitar la interpretación.

Para conocer los efectos potenciales del clima sobre los animales, partiendo de la información climática conocida, se determinarán los indicadores de bienestar del ganado e índices que permitan determinar los niveles y épocas de riesgo de estrés térmico en el ganado. Para ello se determinarán el Índice de Temperatura-Humedad (THI, Temperature Humidity Index), y detectará los días más críticos a lo largo del año de acuerdo a la carta de índice Temperatura-Humedad (ver figura 4, anexo 1). Detectados los días más críticos del año se determinarán los siguientes indicadores: Índice Ajustado de Temperatura-Humedad (ADJTHI, Adjusted Temperature Humidity Index), Índice de congelación (WCI, Wind Chill Index), Índice de Carga Calórica (HLI, Heat Load Index) y el Índice Climático Global (CCI, Comrehensive Climatic Index).

Una vez determinados los índices mencionados, el estudiante determinará los periodos más críticos del año (si los hubiese) y a través de un análisis posterior, determinará el grado de estrés térmico en el que se encuentre el ganado.

- **Evaluación de los efectos climáticos sobre las respuestas biológicas del ganado (comportamiento fisiológico y bienestar) durante un periodo crítico**

Para evaluar el efecto real del estrés térmico sobre el ganado a lo largo del día, se determinarán índices de estrés térmico y las respuestas biológicas del ganado (de bienestar y cambios fisiológicos) por lapsos de cada hora y a lo largo del día.

Con los datos climáticos se calculará Índice Ajustado de Temperatura-Humedad (ADJTHI), Índice de Congelación (WCI), Índice de Carga Calórica (HLI) e Índice Climático Global (CCI). Con los índices calculados, mediante la aplicación de los modelos matemáticos específicos se podrán estimar los indicadores de bienestar y cambios fisiológicos. Se determinarán por hora, la tasa respiratoria (RR), calificación de sofocamiento (PS), temperatura corporal (TC), temperatura ruminal (TR), Carga Calórica Acumulada (AHI) o Balance Calórico por día, cambios en el nivel de consumo de materia seca (DMICH), Temperaturas Criticas de Termoneutralidad (LCT y HCT).

- **Planteamiento de medidas para mitigar los efectos del estrés térmico y definir lineamientos técnicos para su prevención**

Como resultado final de la evaluación bioclimática, el equipo deberá realizar un planteamiento de tácticas, estrategias y procedimientos en el manejo del ganado que permitan mitigar o contrarrestar los efectos del estrés térmico.

El planteamiento deberá estar fundamentado bibliográficamente y deberá señalar y cuantificar los beneficios que se esperaría lograr con la propuesta.

En equipo, el estudiante estimará los ajustes necesarios en los requerimientos nutricionales del ganado en cuestión para corregir los desbalances ocasionados por el efecto del estrés térmico.

- **Integración del reporte y presentación**

Como parte final de la evaluación, el equipo deberá integrar un reporte por escrito y mediante exposición oral, mostrará los resultados de su evaluación.

FORMA DE EVALUACIÓN DE LA PRÁCTICA

Los equipos entregarán un informe por escrito, el cual contemplará:

1. Descripción de la ubicación geográfica de la unidad de producción objeto de estudio, dentro del territorio nacional.

2. Descripción y caracterización climática del lugar.

3. Descripción del potencial productivo forrajero de acuerdo a los niveles de disponibilidad de agua y señalar las épocas favorables o críticas de disponibilidad alimenticia.

4. Análisis y descripción del comportamiento climático del último año, a través de los indicadores específicos para ello (índices).

5. Evaluación y descripción de las respuestas biológicas del ganado de acuerdo a los indicadores específicos para ello.

6. Planteamiento y lista de recomendaciones o de medidas (lineamientos, tácticas, estrategias, ajustes) para mitigar y/o

controlar los efectos climáticos sobre el bienestar del ganado y para mejorar los procesos en el manejo de los animales.

7. Descripción de la metodología (pasos) por cada equipo empleada para investigar o evaluar una unidad de producción.

8. Presentación, por cada equipo, de los resultados de su trabajo de investigación.

• La evaluación de esta práctica se complementa con el anexo A

BIBLIOGRAFÍA

1. Ames, D., 1980. Thermal environment affects production efficiency of livestock. *BioScience,* Volumen 30, pp. 457-460.
2. Arias, R. A., Mader, T. L. & Escobar, P. C., 2008. Factores climáticos que afectan el desempeño productivo del ganado bovino de carne y leche. *Arch. Med. Vet.,* Volumen 40, pp. 7-22.
3. Gaughan, J. B., Mader, T., Holt, S. M. & Lisle, A., 2008. A new load index for feedlot cattle. *J. Anim. Sci.,* Volumen 86, pp. 226-234.
4. Gaughan, J. B., Mader, T. I. & Gebremedhin, K. G., 2012. Rethinkin heath index tools for livestock. En: R. J. Collier & J. L. Collier, edits. *Environmental physiology on livestock.* Iowa: John Wiley & Sons, pp. 243-265.
5. Hahn, G. L., 1997. Dynamic Responses of cattle to thermal loads. *J. Anim. Sci.,* 77(Suppl. 2), pp. 10-20.
6. Mader, T. L., 2003. Environmental stress in confined beef cattle. *J Anim Sci,* pp. 81: E110-119.
7. Mader, T. L., Johnson, L. J. & Gaughan, J. B., 2010. A comprehensive index for assessing environmental stress in animals. *J. Anim. Sci.,* 88(6), pp. 2153-2165.
8. National Research Council, 1996. *Nutrient Requirements of Beef Cattle.* Washington, D.C.: National Academic Press.

Páginas sugeridas para búsqueda de información climática

1. Red de estaciones meteorológicas en México: http://www.wunderground.com/weatherstation/ListStations.asp?selectedCountry=Mexico&MR=1
2. CEA-TEQUISQUIAPAN, Tequisquiapan, Querétaro: http://www.wunderground.com/weatherstation/WXDailyHistory.asp?ID=IQUERETA11&day=1&year=2014&month=2&graphspan=day
3. Estación climática del CEIEPAA: Weatherlink. Network. Davis. http://www.weatherlink.com/user/uepc017/
4. NASA. Atmospheric Science Data Center. Surface meteorology and Solar Energy. https://eosweb.larc.nasa.gov/cgi-bin/sse/sse.cgi?+s01
5. Tutiempo Network, S.L.: http://www.tutiempo.net/tequisquiapan.html?datos=detallados

6. AccuWeather, Inc: http://www.accuweather.com/es/mx/el-sauz-tequisquiapan/234980/weather-forecast/234980

7. The Weather Channel: http://espanol.weather.com/weather/today-Tequisquiapan-MXQA1879:1:MX

8. Katestone. Cattle Heat Load Toolbox. http://chlt.katestone.com.au/

9. National Weather Service: http://weather.noaa.gov/weather/current/MMQT.html

PRÁCTICA 3

INSTALACIONES

INTRODUCCIÓN

En el diseño de una instalación para ganado bovino, es necesario poner en práctica los conocimientos personales así como tomar en cuenta los planteamientos de otros ganaderos o técnicos, y por supuesto del propio dueño, para lograr  una concepción más clara y acertada del proyecto. También es necesario considerar que intervienen varios factores que deben considerarse: el medio, animales, fin ganadero, entorno de la unidad de producción, aspectos económicos. Aunado a esto, hay que hacer consideraciones respecto del diseño de alojamientos de acuerdo al peso y talla de los animales en engorda las cuales deben ajustarse a ciertas normas básicas tales como estimación de espacio con base en las dimensiones del animal pues éstas condicionan el espacio que ocupará, tanto cuando esté de pie como cuando esté echado. Otros aspectos importantes son: Área vital: espacio social; Circuitos y áreas de movimiento de toda granja. Alojamientos abiertos y bien orientados.

Otras consideraciones como la humedad en los alojamientos, ventilación, sombras, comederos, bebederos, banquetas, pendientes, almacenes de alimentos, silos, heniles, corrales de engorda, corrales de corte o manejo, zona de estercoleros deben ser tomados en cuenta. En todo proyecto hay que prever tanto la posibilidad de una futura ampliación de la instalación, como la adaptación de los cambios técnicos según surjan nuevas necesidades.

Con la finalidad de que el estudiante refuerce lo visto en teoría respecto de las instalaciones de una unidad de producción de bovinos de carne se establece esta práctica con una serie de objetivos y actividades específicas a realizar por el estudiante que harán que éste desarrolle las habilidades mínimas necesarias sobre esta materia.

OBJETIVO GENERAL

El estudiante evaluará y diseñará instalaciones y el equipo de la unidad de producción con base en la estructura del hato y las medidas y especificaciones en cada una de las zonas y sus respectivos componentes. Diseñará un plano con el mejoramiento del flujo propuesto y las instalaciones necesarias.

OBJETIVOS ESPECÍFICOS

A través de esta práctica se pretende que el estudiante:

1. Dibuje un croquis de las instalaciones actuales con el flujo de movimiento.

2. Evalúe las instalaciones y el equipo de la unidad de producción con base en la estructura del hato y las medidas y especificaciones en cada una de las zonas y sus respectivos componentes.

3. Diseñe un plano con el mejoramiento del flujo propuesto y las instalaciones necesarias.

ACTIVIDADES

El estudiante, en el contexto de las unidades de producción de bovinos, tanto en el trópico como en el altiplano, realizará en equipo las siguientes actividades de:

1. Investigación y observación con detenimiento de las instalaciones así como del flujo de personas, animales y maquinaria.

2. Elaboración de un croquis de las instalaciones actuales con el flujo de movimiento.

3. Evaluación de instalaciones y el equipo de la unidad de producción con base en la estructura del hato y las medidas y especificaciones en cada una de las zonas y sus respectivos componentes.

4. Diseño de un plano con el mejoramiento del flujo propuesto y las instalaciones necesarias.

HABILIDADES Y DESTREZAS A ADQUIRIR

1. Habilidad para investigar y observar con detenimiento las posibles fallas que pueda haber en las instalaciones respecto del fin zootécnico para el que están siendo utilizadas.

2. Habilidad para detectar si el flujo dentro y fuera de las instalaciones es el adecuado.

3. Habilidad para determinar el uso eficiente de los equipos dentro de la unidad de producción.

4. Habilidad para diseñar un plano con base en la estructura del hato y las medidas y especificaciones en cada una de las zonas y sus respectivos componentes indicando las mejoras.

DESARROLLO DE LA PRÁCTICA

La práctica inicia con una sesión introductoria por parte del profesor que permite al estudiante familiarizarse con la unidad de producción ganadera. El profesor y los estudiantes dan un recorrido por la sección que está destinada para la producción cárnica de bovinos. Para el desarrollo de la práctica se integrarán dos equipos que de manera independiente uno del otro llevarán a cabo las siguientes tareas:

- Detección de posibles fallas en las instalaciones y equipo. Cada equipo deberá investigar y observar con detenimiento las posibles fallas que pueda haber en las instalaciones respecto del fin zootécnico para el que están siendo utilizadas.
- Observación del flujo en la unidad de producción. Cada equipo deberá detectar si el flujo dentro y fuera de las instalaciones es el adecuado.
- Inventario e investigación sobre el uso de los equipos. Cada equipo deberá hacer un inventario del equipo y maquinaria con que cuenta la unidad de producción e investigará el nivel de uso de los mismos.
- Diseño de un plano de la unidad de producción. Cada equipo deberá diseñar un plano con base en la estructura del hato y las medidas y especificaciones en cada una de las zonas y sus respectivos componentes indicando las mejoras.

FORMA DE EVALUACIÓN DE LA PRÁCTICA

Integración del reporte y presentación

Como parte final de la evaluación, el equipo deberá integrar un reporte por escrito y mediante exposición oral, para mostrar los resultados de su evaluación.

- Detección de fallas en las instalaciones y equipo.
- Observaciones sobre el flujo actual en la unidad de producción.

- Inventario y uso de los equipos así como propuestas de mejora de eficiencia de los mismos.
- Propuesta y diseño de un plano de la unidad de producción. El cual deberá integrar como elementos lo siguiente:
  - ✓ Alojamientos de acuerdo al peso y talla de los animales en engorda;
  - ✓ Área vital: espacio social;
  - ✓ Circuitos y áreas de movimiento de toda la unidad de producción.
  - ✓ Alojamientos abiertos y bien orientados.
  - ✓ Ventilación,
  - ✓ Sombras,
  - ✓ Comederos,
  - ✓ Bebederos,
  - ✓ Banquetas,
  - ✓ Pendientes,
  - ✓ Almacenes de alimentos,
  - ✓ Silos,
  - ✓ Heniles,
  - ✓ Corrales de engorda,
  - ✓ Corrales de corte o manejo,
  - ✓ Zona de estercoleros.
  - ✓ Así como previsiones tanto de una posible futura ampliación de la instalación, como la adaptación de los cambios técnicos según surjan nuevas necesidades.

- **La evaluación de esta práctica se complementa con el anexo A**

BIBLIOGRAFÍA

1. Alassia g., Gatti z., Stefanazzi D. Diseño y Evaluación de Proyectos Agroindustriales Proyecto de Inversión: Engorde Bovino a Corral. Universidad Nacional de La Pampa, Facultad de Agronomía, Licenciatura en Administración de Negocios Agropecuarios, 2008.
2. SAGARPA-SENASICA. Manual de Buenas Prácticas Pecuarias en el Sistema de Producción de Ganado Bovino Productor de Carne en Confinamiento, AMEG, 2010. Referencias en línea.
3. Suarez Domínguez H.: Producción de Bovinos para Carne en Confinamiento. Universidad Autónoma de Chapingo, México. 1ª edición agosto 2011.

PRÁCTICA 4

GRUPOS GENÉTICOS

INTRODUCCIÓN

La producción de bovinos para carne es una actividad económica que debe ser planificada y controlada, para lo cual se requieren procedimientos específicos para evaluar proceso productivo y su producto (Pereda-Solís, 2005). Por su impacto sobre la rentabilidad,  es necesario que el proceso sea evaluado constantemente en cada ciclo, y con ello contar con elementos necesarios en la toma de decisiones técnicas relacionadas con el manejo, sanidad, alimentación, selección, mejoramiento genético y comercialización del ganado (Pereda-Solís, 2005; Domínguez-Viveros, 2010).

Para que la evaluación del proceso productivo cumpla su cometido, es necesario que sea dirigido hacia los principales factores que determinan la productividad y la rentabilidad del hato (Cienfuegos-Rivas, et al., 2006). En una unidad de producción dedicada a la crianza de becerros, el ingreso y las utilidades potenciales por año, están determinadas principalmente por las características reproductivas, de crecimiento y de calidad en canal del ganado (Field, 2007; Domínguez-Viveros, 2010; Montaño-Bermudez y Martínez-Velázquez, 2010). Dentro de las características reproductivas con importancia económica se encuentran circunferencia escrotal en el macho, edad al primer parto, intervalo entre partos, días al parto y facilidad del parto, en hembras. Las características de crecimiento incluyen el peso al nacimiento, peso ajustado al destete, ganancia de peso pos destete, peso al año, peso a los 18 meses, entre otras. En las de canal se consideran peso de la canal, área del lomo, grasa dorsal, porcentaje de carne magra y grasa intramuscular (Domínguez-Viveros, 2010).

El crecimiento es importante en la rentabilidad y eficiencia de producción (Ramírez et al., 2009). Por la forma en que se comercializa la producción anual de becerros de crianza, la importancia del crecimiento se debe a que el pago en la compra-venta de becerros se realiza por kilo en pie y la eficiencia del proceso está estrechamente relacionado con la velocidad de crecimiento y de ahí la importancia de la evaluación del crecimiento del ganado.

El crecimiento resulta de una serie de cambios anatómicos y fisiológicos complejos que ocurren en el organismo del animal. Es un fenómeno complejo dependiente de una serie de factores como el genotipo del animal y los efectos ambientales que se mantienen a lo largo del tiempo, los cuales tienen efecto variable (Ramírez et al., 2009). En el ganado de carne, la forma más común de evaluar el crecimiento es a través de medición y comparación de características de dimensión o de peso corporal, así como los cambios que muestran en el tiempo. En este sentido, las mediciones más utilizadas son el peso al nacimiento, peso al destete, peso al año, pesajes post-destete, talla o tamaño corporal. Las mediciones registradas en diferentes momentos de la vida del animal permiten describir

la forma en que se realiza el crecimiento en el tiempo para un determinado tipo de animales o razas (Crews, et al., 2002; 2010).

La evaluación del crecimiento como un indicador de eficiencia productiva y económica se puede realizar de muchas formas, dependiendo del interés deseado. Cuando se manejan mediciones múltiples de un individuo o de grupos de animales, el universo de información es mayor y la evaluación puede resultar más laboriosa y compleja. Para facilitar la tarea de comparar la información de las mediciones realizadas y acumuladas, es posible estimar o derivar índices (peso a 205 días, peso al año) para facilitar las comparaciones de información. El requisito es que las mediciones estén estandarizadas de acuerdo a la técnica de medición, mismas unidades o momentos de medición (Crews, et al., 2010).

Debido a que el crecimiento es el resultado de la composición genética del animal (genotipo) y del ambiente, es importante que cualquier evaluación entre individuos se realice en igualdad de circunstancias. El propósito de una evaluación entre grupos genéticos es la de medir el verdadero potencial genético de sus integrantes de forma independiente a los factores ambientales. Para ello es necesario en cualquier comparación estandarizar las mediciones entre los individuos en cada grupo (Ramírez-Velarde, 2010). La estandarización de la obtención de datos permite suprimir sesgos a la hora de hacer comparaciones en favor de resultados objetivos y confiables (Crews, et al., 2010). La forma más utilizada para estandarizar las mediciones entre individuos son los ajustes de medidas (de acuerdo a la edad, época del año, sexo, edad de la madre) y la formación de grupos contemporáneos para separar las diferencias en las prácticas o sistema de manejo, época del año o tratamientos diferenciados (Ramírez-Velarde, 2010).

La evaluación del crecimiento puede realizarse de forma estática (mediciones a una determinada edad) o dinámica (secuencia de mediciones en el tiempo). Las mediciones de crecimiento a fechas específicas (criterio estático) pueden emplearse como indicadores para efectuar comparaciones entre grupos diferentes (entre años, época del año, razas, grupos raciales o líneas). La utilidad de evaluar el crecimiento en forma estática es que permite determinar la velocidad y la eficiencia con la que un determinado grupo de animales logra un peso objetivo en un determinado plazo (Pereda-Solís, 2005). Cuando se mide y registra sucesivamente el peso en distintos momentos de forma sucesiva, se puede lograr un cúmulo de mediciones peso-edad que mediante modelos matemáticos permite describir el patrón de crecimiento de cada grupo (Pereda-Solís, 2005). La utilidad del enfoque dinámico es que a partir de las mediciones hechas se pueden ajustar los modelos de crecimiento. Con ello se pude estimar los pesos a diferentes edades y proyectar el patrón de evolución en el tiempo a través de curvas de crecimiento. La estimación de curvas de crecimiento permiten comparar los patrones de crecimiento entre razas o grupos genéticos, calcular los requerimientos nutricionales correspondientes o desarrollar simulaciones que permitan evaluar el impacto económico de las prácticas de manejo en sistemas de producción de bovinos en pastoreo (Pereda-Solís, 2005; Ramírez et al., 2009).

Considerando lo anterior la intención de la práctica estará centrada en la evaluación de información relacionada con el crecimiento. En ella, los alumnos aplicarán las metodologías aprobadas y que regularmente se utilizan para evaluar el comportamiento productivo (crecimiento) del ganado de carne. Basados en la aplicación de las metodologías los alumnos realizarán los ajustes de datos y cálculo de indicadores que permitan hacer comparaciones entre individuos o entre grupos determinados.

OBJETIVO GENERAL

El estudiante comparará grupos genéticos con base en diferencias genéticas considerando los siguientes indicadores: peso al nacimiento, peso al destete y pos destete, conversión alimenticia y características de la canal.

OBJETIVOS ESPECÍFICOS

A través de esta práctica se pretende que el estudiante:

1. Compare grupos genéticos con base en diferencias genéticas considerando los siguientes parámetros: peso al nacimiento

peso pre destete y pos destete, conversión alimenticia y características de la canal.

2. Aplique procedimientos matemáticos-estadísticos y recursos informáticos para el análisis y evaluación de la información del hato.

ACTIVIDADES

El estudiante, en el contexto de las unidades de producción de bovinos, tanto en el trópico como en el altiplano, realizará en equipo las siguientes actividades:

1. Definir un procedimiento de búsqueda y organización de información técnico-productiva de la unidad de producción.

2. Investigar y aplicar las metodologías de ajuste de datos para el análisis de información.

3. Calcular los indicadores e índices necesarios para describir el nivel de producción histórico y actual del hato.

4. Realizar comparaciones entre individuos, entre grupos o contra indicadores para establecer resultados y conclusiones de una evaluación.

5. Elaborar un reporte ejecutivo de resultados, análisis, conclusiones y propuestas.

HABILIDADES Y DESTREZAS A ADQUIRIR

El alumno desarrollará la habilidad:

1. Buscar, organizar y analizar datos e información para realizar procesos analíticos.

2. Estructurar y aplicar procedimientos de evaluación del estado productivo (crecimiento) de un hato.

3. Aplicar procedimientos matemáticos para fundamentar un procedimiento metodológico de evaluación de situaciones y proyección de resultados.

DESARROLLO DE LA PRÁCTICA

a) Inicio de la práctica

La práctica iniciará con una plática introductoria que destacará la importancia de las características de crecimiento en la productividad de un hato de crianza. Asimismo el profesor señalará la necesidad de estructurar un procedimiento metodológico para evaluar el desempeño productivo actual, detectar desviaciones de los niveles óptimos y estructurar objetivos futuros de trabajo en lo concerniente al mejoramiento genético del hato.

El profesor indicará a los alumnos los puntos más relevantes que deberán seguir para realizar la investigación de una unidad de producción. Asimismo orientará a los alumnos para que realicen búsqueda de información bibliográfica complementaria y de datos o información relacionada con la actividad comercial del rancho objeto de estudio, que se utilizarán para el desarrollo de la práctica.

Los alumnos deberán estar organizados previamente por equipos para que cada uno desarrolle sus propios procedimientos y métodos de trabajo. Los resultados deberán ser presentados mediante un reporte escrito y en forma oral para discusión e intercambio de ideas.

b) Definición del procedimiento de búsqueda, organización de información técnico-productiva

Con base en los conocimientos teóricos adquiridos y en el resultado de la caracterización realizada previamente en la práctica anterior, cada equipo deberá definir una estrategia de trabajo para conocer el estado genético-productivo actual del hato, basándose en características de importancia económica (reproductivas, crecimiento y canal). En este punto, también será importante que el equipo investigue y conozca los indicadores que usualmente se utilizan para evaluar el desempeño óptimo del ganado y defina los que pueda utilizar para evaluar el hato (en función del tiempo de la práctica y la información disponible).

En su procedimiento de trabajo deberán considerar:

- La búsqueda y organización de la información histórica y actual del hato en los registros técnico-productivos.
- El resumen de la información disponible para analizar y describir el desempeño histórico y actual del hato.
- Conformar grupos de animales contemporáneos de acuerdo a la raza, sexo, tamaño, año y época de nacimiento, tipo de manejo, tipo de alimentación.

Del universo de información del hato, cada equipo procesará los datos para cada una de las características productivas de interés. La información deberá descargarse y organizarse en hojas electrónicas para realizar los ajustes de datos correspondientes. Por "ajuste" se deberá entender al procedimiento a través del cual la información de los animales es corregida para que en un proceso comparativo, la información sea estándar (comparable). Esto es que todos sean evaluados bajo las mismas circunstancias (edad, sexo, talla o tamaño, raza, tipo de manejo) y descartar los efectos de tipo ambiental, ya que estos pueden ser causantes de sesgos o demeritar la confiabilidad de la evaluación.

c) Investigación y aplicación de metodologías de ajuste de datos para análisis de información

Formación de grupos contemporáneos. Como paso previo a la evaluación, el equipo deberá analizar la información en lo general para definir los posibles grupos contemporáneos que pueda haber en el hato de acuerdo a los factores que pueden ser causal de sesgo (subestimación o sobreestimación). Para conocer más los criterios que generalmente se utilizan en la ganadería de carne para conformar grupos contemporáneos, los alumnos deberán recurrir a fuentes de consulta bibliográfica (apuntes, páginas web, fuentes referidas en la bibliografía). De acuerdo a la cantidad de grupos contemporáneos que resulten, concentrarán y clasificarán sus datos.

Ajustes de peso de acuerdo a la edad. Con los grupos contemporáneos formados, los datos de pesajes de cada individuo (en cada grupo contemporáneo) deberán ajustarse de acuerdo a la edad y edad de la madre (cuando corresponda). Pero deberán utilizarse los procedimientos estándar existentes (ecuaciones de ajuste y factores de corrección), utilizados universalmente para la ganadería de carne. De igual manera que en el punto anterior, el equipo acudirá a fuentes de consulta bibliográfica.

Ajustes de tallas según edad para determinación del tamaño. Los datos de altura o talla serán ajustados de acuerdo a la edad, para estimar la calificación de tamaño corporal del animal "frame score". Este ajuste permitirá clasificar al ganado por tamaños y estimar el futuro peso adulto del ganado. Los alumnos consultarán fuentes bibliográficas para localizar las cartas descriptivas de tamaño o ecuaciones para calificar el tamaño del ganado. En la ganadería de carne, usualmente se utiliza la metodología propuesta y publicada por la *Beef Improvement Federation BIF*.

Determinacion y cálculo de indicadores e índices para describir el nivel de producción del hato

Después de haber ajustados los datos de peso y talla, el equipo deberá resumir y describir a través de procedimientos de estadística básica el comportamiento global del grupo contemporáneo para cada una de las medidas registradas. Se determinarán la media, moda, rango, desviación estandar, la distribución de frecuencias, intervalos de confianza (68%, 95%, 99%).

Comparación entre individuos, entre grupos y contra indicadores para establecer resultados y conclusiones de una evaluación

Con la descripción general realizada de los grupos contemporáneos, se describirá comparativamente las diferencias y las semejanzas que se observen entre los grupos. El equipo analizará, interpretará y explicará los resultados de acuerdo a las observaciones realizadas durante la presente investigación y los complemetará con los resultados logrados durante la práctica realizada previamente "El ganado y su medio ambiente". El resultado del análisis comparativo deberá permitir al equipo determinar la evolución de las características productivas del ganado a través del tiempo y hacer señalamientos conclusivos.

Elaboración de un reporte ejecutivo de resultados, análisis, conclusiones y propuestas

Para finalizar la práctica, el equipo deberá estructurar un reporte ejecutivo donde sean vertidos los resultados y las conclusiones del analisis. Las conclusiones deberán explicar los efectos e interacciones de raza, sexo, edad, sistema de manejo, época del año, condiciones alimenticias, situaciones de manejo. Así mismo deberán señalar:

1. Los factores que mayor impacto tienen sobre la productividad del ganado.

2. Identificar las fortalezas y debilidades que se perciben a raíz del análisis desarrollado.

3. Deberá establecerse las características que ameriten considerarse en un programa de mejoramiento genético y la magnitud en que deban ser modificadas para alcanzar los niveles mínimos u óptimos.

4. Señalar los puntos críticos en el ambiente que deberán ser vigilados en el futuro.

5. Proponer alternativas y recomendaciones que deban ser incorporadas en la toma de decisiones.

6. Describir secuencialmente el procedimiento desarrollado a lo largo de la práctica.

FORMA DE EVALUACIÓN DE LA PRÁCTICA

La evaluación se realizará una vez finalizada la práctica a través de un reporte ejecutivo y una presentación pública de resultados. El reporte deberá incluir una introducción, justificación, metodología, resultados y conclusiones. Deberá estar apegado a los criterios descritos en el punto "Elaboración de un reporte ejecutivo de resultados, análisis, conclusiones y propuestas" en la sección previa. Adicionalmente deberá utilizar los recursos gráficos o descriptivos que faciliten la interpretación y explicación de sus resultados.

- **La evaluación de esta práctica se complementa con el anexo A**

BIBLIOGRAFÍA

1. Cienfuegos-Rivas, E. G., De Orúe-Ríos, M. A., Briones-Luengo, M. & Martínez-González, J. C., 2006. Estimación del comportamiento productivo y parámetros genéticos de características predestete en bovinos de carne (Bos taurus) y sus cruzas, VIII Región, Chile. Arch. Med. Vet., 38(1), pp. 69-75.

2. Crews, D. y otros, 2002. Animal evaluation. En: W. D. Hohenbroken, ed. Guidelines for uniform Beef Improvement Programs. 8th edition. Georgia: Beef Improvement Federation, p. 25.

3. Crews, D. y otros, 2010. Annimal evaluation. En: L. V. Cundiff, L. Van Vleck & W. D. Hohenboken, edits. Guidelines For Uniform Beef Improvement. 9th edition. Raleigh: Beef Improvement Federation, pp. 16-55.

4. Domínguez-Viveros, J., 2010. Importancia de los registros y características a evaluar. En: M. Montaño-Bermudez & G. Martínez-Velázquez, edits. Guía técnica de programas de control de producción y mejoramiento genético en bovinos de carne. Monterrey: CONARGEN, pp. 3-15.

5. Field, T. G., 2007. Beef production and management decisions. 5th edition ed. New Jersey: Pearson Prentice Hall.

6. Pereda-Solís M, González S, Arjona E, Bueno G y Mendoza G, 2005. Ajuste de modelos de crecimiento y cálculo de requerimientos nutricionales para novillos Brahman en Tamaulipas, México; Agrociencia 39(1):19-27 http://www.colpos.mx/agrocien/Bimestral/2005/ene-feb/art-3.pdf

7. Ramírez EJ, Cerón-Muñoz MF, Herrera AC, Vergara OD, Arboleda EM, Restrepo LF. Crecimiento de hembras cruzadas en el trópico colombiano. Rev. Colomb. Cienc. Pecu. 2009; 22: 642-647.

8. Ramírez-Velarde R., 2010. En: Montaño-Bermudez M. y Martínez-Velázquez, G. edits. Guía técnica de programas de control de producción y mejoramiento genético en bovinos de carne. Monterrey: CONARGEN, pp. 16-25.

PRÁCTICA 5

SELECCIÓN DE REPRODUCTORES Y MANEJO REPRODUCTIVO

INTRODUCCIÓN

La selección de toros y hembras de reemplazo es de vital importancia para mejorar la rentabilidad de la ganadería productora de carne, ya que la selección adecuada de los individuos sobresalientes se reflejará en el incremento de la eficiencia productiva del hato (Martínez-Velázquez, 2010).
En la ganadería de carne al hablar de animal sobresaliente, se refiere a los animales con mayor productividad y rentabilidad (Enns, 2010).

La detección y multiplicación de los ejemplares con mayor valor, requiere de un programa continuo de mejoramiento genético animal, mediante el cual será posible realizar un cambio en la composición genética de una población (frecuencia de genes). Si se desea que el cambio genético sea favorable, será necesario incrementar la frecuencia de genes deseables dentro de un hato. La forma más común de realizar un cambio genético en la población, es a través de la combinación entre los procesos de "selección" y los "sistemas de cruzamiento" (Domínguez-Viveros, 2010).

En los sistemas de crianza, el cambio genético puede realizarse a través de la selección de sementales o la selección de hembras de reemplazo en conjunto con el descarte o desecho de vacas (Mosser, 2010; Martínez-Velázquez, 2010). La importancia de seleccionar correctamente al semental obedece a la contribución genética que pueden realizar en un hato (Field, 2007; Enns, 2010; Martínez-Velázquez, 2010).

Las características físicas, tales como estructura y musculatura, son importantes para la selección de animales. Sin embargo otros factores son también importantes, como las características de la canal, crecimiento, habilidad materna y características reproductivas (Rumph, 2010). La apreciación morfológica no necesariamente es un predictor de la verdadera composición genética del animal. Pero la principal valía de la caracterización fenotípica del animal, radica en la identificación de las características morfológicas que promuevan o faciliten la funcionalidad del ejemplar reproductor y estas deben ser valoradas a través de un procedimiento de "evaluación de capacidad reproductora del semental", y deberá realizarse antes de la compra del ejemplar, antes de iniciar el empadre o cuando se detecten disminuciones en la tasa de fertilidad del hato (Rumph, 2010)

Debido a que el genotipo no es visible a simple vista, la identificación y selección de los animales superiores (genotipo deseado) no puede realizarse mediante la observación directa del ejemplar en el potrero o en la pista de exhibición (Rumph, 2010). Para asegurar la elección de los ejemplares con mayor mérito, deberán emplearse los diversos procedimientos de "evaluación genética". La evaluación genética permite identificar los animales con la dotación de genes deseables, a través del 'mérito o valor genético' de los individuos, el cual está representado por el conjunto de genes (Domínguez-Viveros, 2010).

Para ayudar a los productores en la selección basada en el potencial genético animal, existen indicadores genéticos de predicción para muchas características. En ganado de carne estas predicciones se les conocen como Diferencias Esperadas en la Progenie (DEP) o Expected Progeny Differences (EPD) y en la actualidad representan la mejor manera de estimar el verdadero valor genético de los reproductores candidatos (Rumph, 2010; Mosser, 2010; Domínguez-Viveros, 2010). Estas se pueden clasificar en cualquiera de tres categorías: características reproductivas, características de crecimiento y características de calidad de la canal (Domínguez-Viveros, 2010).

Lo más recomendable es que la selección esté basada en el uso e interpretación de las DEP. Sin embargo, el programa de selección debe complementarse con la información adicional disponible para aquellas características que no cuenten con DEP´s. Considerando lo anterior, también es necesario destacar que en una buena parte de las ganaderías de tipo comercial no se realizan dichas evaluaciones genéticas (DEP). Para estos casos es importante que al menos en el macho se pueda conocer dicho valor (semental evaluado genéticamente). Cuando no se dispone de DEP para todas las características, alternativamente se pueden estimar los Índices relativos al Grupo Contemporáneo (ICG). Los ICG expresan el comportamiento de cada animal con relación al promedio de su grupo contemporáneo, pero debe tenerse presente de que no consideran la información de los parientes de los individuos y solo sirven para hacer comparaciones dentro de una misma ganadería.

Dependiendo de las necesidades de cada ganadería y conociendo los puntos débiles o por mejorar, es posible entonces definir cuál es el tipo de ganado que el sistema de producción requiere. Por un lado, se puede establecer los animales que no deben seguir en el hato y por el otro, se puede saber el tipo de ganado que deberá prevalecer en lo sucesivo (Field, 2007). Con esta práctica se podrá establecer los criterios para seleccionar los sementales y reemplazos por seleccionar (auto reemplazo o adquisición). Además, se puede conocer los animales que no cumplen con los niveles de producción mínimos necesarios para mantener la productividad y rentabilidad del hato.

Con esta intención, la presente práctica pretende introducir al alumno en la metodología necesaria para instrumentar un programa de mejoramiento genético de un sistema de crianza de ganado bovino de carne, haciendo uso de los recursos y procedimientos científicos probados en la actualidad, para con ello detectar y seleccionar los reproductores basándose en sus características fenotípicas, aptitud reproductiva, mérito genético y objetivo de selección.

OBJETIVO GENERAL

El estudiante evaluará a las vaquillas, vacas, toretes y sementales que se seleccionan como pie de cría mediante modelos de pruebas de comportamiento. Establecerá un programa reproductivo para un hato especializado en la producción de carne.

OBJETIVO ESPECIFICO

A través de esta práctica se pretende que el estudiante:

1. Evalúe a las vaquillas, vacas, toretes y sementales que se seleccionan como reproductores.

2. Aplique los modelos de las pruebas de comportamiento.

3. Establezca un programa de manejo reproductivo.

ACTIVIDADES

El estudiante, en el contexto de las unidades de producción de bovinos, tanto en el trópico como en el altiplano, realizará en equipo las siguientes actividades:

1. Desarrollará un procedimiento de caracterización productiva-comercial de la unidad de producción[2] para definir el objetivo (criterios) de selección.

---

[2] Parte de esta actividad se habrá realizado previamente durante la práctica "el ganado y su medio ambiente" (práctica 1) y la práctica de "grupos genéticos" (práctica 3).

2. Desarrollará un procedimiento metodológico para seleccionar los reproductores de acuerdo a su mérito genético-productivo (DEP's e Índices Productivos).

3. Desarrollará un procedimiento de campo para seleccionar los reproductores de acuerdo a sus características morfológicas y funcionales.

4. Definirá los lineamientos del programa de mejoramiento genético (el objetivo de selección, animales seleccionados, descartados y estimación de logros futuros).

HABILIDADES Y DESTREZAS A ADQUIRIR

Al término de la práctica el alumno deberá mostrar habilidad para:

1. Aplicar sus conocimientos teóricos adquiridos para estructurar un procedimiento de investigación que le permita caracterizar la finalidad comercial y operacional de una unidad de producción.

2. Evaluar el desempeño actual del hato y definir los criterios de selección en un programa de mejoramiento genético.

3. Traducir resultados de una evaluación en directrices y lineamientos para un programa zootécnico (mejoramiento genético) en una unidad de producción.

4. Capacidad para aprovechar los recursos informáticos para el análisis de problemáticas, planteamiento de soluciones y predicción de resultados en situaciones reales de una unidad de producción determinada.

DESARROLLO DE LA PRÁCTICA

La práctica iniciará con una plática introductoria que destacará la importancia de un programa de mejoramiento genético, para el logro de resultados en la productividad, rentabilidad y sustentabilidad de un hato de crianza de ganado de tipo cárnico. De igual modo, el profesor señalará la necesidad de estructurar un procedimiento metodológico para identificar a los ejemplares superiores, con mayor mérito genético en el hato.

El profesor indicará a los alumnos los puntos más relevantes que deberán seguir para realizar la investigación de una unidad de producción. Asimismo orientará a los alumnos para que realicen búsqueda de información bibliográfica complementaria y de datos o información relacionada con la actividad comercial del rancho sujeto de estudio, que se utilizarán para el desarrollo de la práctica.

Los alumnos deberá estar organizados previamente por equipos para que cada uno desarrolle sus propios procedimientos y métodos de trabajo, y cuyos resultados deberán ser presentados mediante un reporte escrito y en forma oral para discusión e intercambio de ideas.

Caracterización productiva-comercial de la unidad de producción[3]

Los alumnos deberán hacer una caracterización de la unidad de producción desde el punto de vista zootécnico y comercial. Es necesario que el equipo conozca el tipo de actividad comercial, el origen principal de sus ingresos, tamaño del hato, genotipo o raza del ganado, tipo de producto final, destino del producto final, precios vigentes en el mercado donde se comercializa el producto, forma de obtención de sementales reproductores, vientres de reemplazo etc.

Para cumplir con este propósito, el equipo deberá elaborar un cuestionario como protocolo para entrevistar, buscar o verificar la información que les permita construir el escenario

---

[3] Esta sección de caracterización es complementaria a la que fue realizada en la práctica número 2 "El ganado y su medio ambiente", cuyo propósito fue realizar la descripción del ambiente climático y en este caso se requiere precisar los objetivos de tipo comercial..

zootécnico-comercial en el que la unidad de producción desarrolla sus actividades actualmente.

Una vez definidas las preguntas necesarias para definir el escenario comercial del hato, acudirán a las fuentes de información que correspondan (propietario, administrador) para dar solución al cuestionario. El cuestionario deberá aparecer en el reporte con la respectiva fundamentación técnico-científica de cada una de sus preguntas.

Los equipos analizarán las respuestas de su investigación de campo y realizarán una síntesis para caracterizar el escenario zootécnico-comercial en el que actualmente se desarrolla la actividad en evaluación.

Con la caracterización del escenario, señalarán las debilidades encontradas y definirán el objetivo de selección para el programa de mejora genética. Deberán definir las características o criterios de selección y sus niveles óptimos para dar inicio a la selección de los ejemplares que pueden ser aptos para el programa reproductivo. Deberán además señalar los criterios y valores críticos para señalar los ejemplares que puedan ser eliminados del hato reproductor.

Procedimiento metodológico para selección de reproductores

Una vez establecidos los criterios de selección y sus valores óptimos o mínimos esperados, desarrollarán un procedimiento para evaluar la información disponible que les permita determinar el valor genético o mérito productivo de los animales.

En caso de contar con resultados de evaluación genética (DEP´s), se calcularán las tendencias genéticas medias de cada año para las características evaluadas. Esta información deberá ser obtenida a partir de los registros genealógicos de los individuos o en su defecto de las bases de datos existentes. Con ello se describirá le evolución de los indicadores a lo largo del tiempo. Con este procedimiento se pretende complementar a los puntos del paso previo en la definición del objetivo de selección.

En el caso de los machos y hembras candidatos reproductores, se compararán las diferencias esperadas y confiabilidad de las distintas características entre los toros. En el caso de machos, de acuerdo al nivel de confiabilidad se determinara el "nivel de cambio posible" y se determinará la posición de cada toro en la distribución percentil de la población evaluada. De acuerdo a los criterios de selección establecidos, se elegirá al 30% superior de los candidatos reproductores. En el caso de hembras, considerando los criterios de selección se estratificarán a las hembras en grupos o categorías (mérito superior, medio y bajo).

Como resultado de la evaluación realizada, se definirá e identificará los ejemplares que deban permanecer en el hato y señalar los que deberán ser eliminados del grupo reproductor.

Los vientres existentes serán evaluados bajo los mismos criterios descritos previamente además de considerar los resultados en sus indicadores productivos y reproductivos (eficiencia productiva, eficiencia reproductiva, habilidad materna, capacidad probable de producción). De igual manera, deberá identificarse los vientres que deberán permanecer en el hato y aquellos que deban considerarse para descarte.

Evaluación morfológica y funcional de reproductores en campo

Los candidatos reproductores que fueron preseleccionados con base en su mérito genético serán evaluados físicamente en campo. Se determinarán medidas de peso, talla, capacidad o aptitud reproductiva, circunferencia escrotal (machos) conformación y funcionalidad. De acuerdo a los resultados de esta evaluación se determinará los candidatos que se retendrán en forma definitiva como los reproductores del hato.

En caso de no haber información de EPD en el hato, se calcularán los Índices de comportamiento productivo o los Índices relativos al grupo contemporáneo, siguiendo las especificaciones que se encuentran publicadas bibliográficamente y que fueron investigadas en la parte inicial de la práctica.

Definición de lineamientos de un programa de mejoramiento genético

Como parte final de la evaluación, el equipo deberá señalar los lineamientos, recomendaciones, propuestas y alternativas que deban ser considerados en el programa de mejoramiento y de reproducción.

Señalarán las metas futuras para calificar los resultados del programa una vez que entre en funcionamiento y estimarán los beneficios económicos que debieran esperarse, como consecuencia del cambio genético del hato.

FORMA DE EVALUACIÓN DE LA PRÁCTICA

La práctica será evaluada a través de un reporte ejecutivo en donde se considerará: la caracterización comercial y ambiental de la unidad de producción, el resumen de tendencias genéticas de las características productivas, definición de los criterios de selección, los resultados de la evaluación de candidatos reproductores, identificación de animales superiores, ejemplares que se deberán descartar del hato y el trazo general de un programa de mejoramiento genético.

El equipo deberá hacer una presentación de los resultados de su trabajo e investigación, para su discusión pública.

La evaluación de esta práctica se complementa con el anexo A

BIBLIOGRAFÍA

1. Cienfuegos-Rivas, E. G., De Orúe-Ríos, M. A., Briones-Luengo, M. & Martínez-González, J. C., 2006. Estimación del comportamiento productivo y parámetros genéticos de características predestete en bovinos de carne (Bos taurus) y sus cruzas, VIII Región, Chile.. *Arch. Med. Vet.*, 38(1), pp. 69-75.
2. Domínguez-Viveros, J., 2010. Importancia de los registros y características a evaluar. En: M. Montaño-Bermudez & G. Martínez-Velázquez, edits. *Guía técnica de programas de control de producción y mejoramiento genético en bovinos de carne.* Monterrey: INIFAP, pp. 3-15.

3. Enns, R. M., 2010. The role of economicaly relevant and indicator traits. En: N. B. E. Consortium, ed. *Beef sire selection manual.* Nebraska: National Beef Evaluation Consortium, pp. 17-20.
4. Field, T. G., 2007. *Beef production and management decisions.* 5th edition ed. New Jersey: Pearson Prentice Hall.
5. Martínez-Velázquez, G. M., 2010. Utilización de reproductores. En: M. Montaño-Bermudez & G. M. Martínez-Velázquez, edits. *Guía técnica de programas de control y mejoramiento genético en bovinos de carne.* Monterrey: INIFAP, pp. 45-50.
6. Mosser, D. W., 2010. The importance of sire selection. En: N. B. C. E. Consortium, ed. *Beef sire selection manual.* Nebraska: National Beef Cattle Evaluation Consortium, p. 10.
7. Rumph, J. M., 2010. Expected progeny Differences (EPD). En: N. B. C. E. Consortium, ed. *Beef Sire Selection Manual.* Nebraska: National Beef Cattle Evaluation Consortium, pp. 27-33.
8. Thomas, M. & Hersom, M., 2012. *Considerations for selecting a bull.,* Florida: Florida Cooperative Estension Service, Institute of Food and Agricultural Sciences. AN218. http://edis.ifas.edu.

PRÁCTICA 6

PROGRAMAS DE ALIMENTACIÓN EN CORRALES DE ENGORDA

Introducción

La engorda de ganado bovino en corrales, es una actividad ganadera que inicia en México a inicio de los años sesenta. La tecnología ha sido un detonador de este tipo de empresas. Sin embargo, la apertura comercial ha facilitado la introducción de carne proveniente de otros países, acentuando así la competencia de mercados (Morales, 2001). Debido al crecimiento significativo de la producción de carne en corral, lo productores tiene la necesidad de ser más eficientes en el corral de engorda para poder ser rentables, competir en el mercado y lograr estándares de calidad que demanda el mercado (Intervet, 2006).

En un sistema intensivo de engorda, la principal preocupación del productor es obtener mayores beneficios económicos por concepto de venta de animales, donde gran parte del éxito estará condicionado por la eficiencia de producción con que se maneje la empresa (Garza, 1986). Con frecuencia el renglón de alimentación representa la parte más cuantiosa en las operaciones de cualquier unidad de producción. El costo de la ración representa

entre el 60 y 80% del costo total de la producción del ganado en el corral de engorda y es el principal factor donde realmente se puede incidir para promover la productividad, rentabilidad y competitividad de un corral de engorda (Morales, 2001; Intervet, 2006; Pritchard, 2010).

Desde el punto de vista zootécnico, la engorda de ganado comprende la parte final de cadena industrial de producción de carne. De este suceso se deriva el empleo del término "finalización". El término ganado de engorda se refiere al ganado que es alimentado con alimentos de elevada concentración de energía (concentrados o granos), con el propósito de aumentar el rendimiento del animal y la calidad de la carne. En forma típica, la etapa de finalización se desarrolla durante varios meses, antes del sacrificio y el ganado se alimenta en áreas de confinamiento, cebaderos o corrales, donde la distancia al alimento y agua se reduce al mínimo. Generalmente se engordan los becerros después del destete que provienen de los sistemas de producción vaca-becerros, aunque en la finalización también pueden ser incluidas las becerras o novillas, así como el ganado adulto de desecho (Field, 2007). La alimentación en la mayor parte de las engordas de tipo industrial, se basa en un consumo importante de alimentos concentrados y un consumo secundario de forrajes o alimentos fibrosos. Para la finalización de terneros los alimentos más utilizados son los concentrados y los alimentos fibrosos (Gil, 2006).

La fase de finalización o de engorda es un proceso que depende de tres elementos esenciales: 1) la fuente de ganado, 2) los centros de comercialización de ganado finalizado y 3) la fuente de alimentos con elevado nivel elevado de energía (Field, 2007). El tipo de alimentación empleada en la finalización de ganado depende, en gran parte, de las condiciones climáticas donde se localiza el sistema de producción, del precio de las materias primas, de su disponibilidad y de la calidad del producto que se quiere obtener (Morales, 2001).

Además, de ser el factor que más influye en los gastos de producción, la alimentación del ganado permite expresar el máximo potencial productivo de cada animal y garantiza la calidad del producto obtenido (Garza, 1986). El éxito de una dieta para la producción de carne es que cubra los requerimientos para que los animales logran las ganancias de peso esperadas a un bajo costo (Intervet, 2006).

La formulación de raciones para el ganado bovino engordado en el corral debe siempre seguir recomendaciones en relación a los niveles de inclusión de sus principales ingredientes, procesamiento y su mezclado (Intervet, 2006). La elaboración de dietas para una engorda intensiva es un punto fundamental para la productividad y rentabilidad de cualquier corral de engorda (Garza, 1986). La elaboración de dietas es primordial ya que a través de su composición determina gran parte de los resultados en el producto final y en la rentabilidad de la actividad. Dentro de la dieta, el nivel de energía y de proteína en la ración determinan:

- Las características de la canal.
- Ritmo de crecimiento de los terneros.
- Peso del animal finalizado.
- Rendimiento, conformación y estado de engrasamiento de la canal.
- Duración del tiempo de cebo.

Muchas veces los engordadores se involucran directamente en la elaboración de las raciones, sin tener conocimiento adecuado del impacto que los ingredientes tener sobre la respuesta del animal y el costo de la ración. En este sentido, un punto importante para asegurar la rentabilidad de las engoradas es la "evaluación permanente de las raciones", en términos de precio, composición, sus efectos en el ganado y el costo de la ganancia.

La evaluación permanente de las raciones representa una oportunidad para disminuir los costos de producción en el corral de engorda. Esta práctica permite incluir y eliminar ingredientes que por su valor nutritivo y precio podrían formar parte de las fórmulas. Al modificarse las condiciones por las que se eligió incluir un ingrediente (precio en el mercado), este podrá sustituirse y hacer más competitivo el corral (Intervet, 2006). Por ello es importante que el Médico Veterinario revise continuamente la formulación y preparación de las dietas para identificar los factores que puedan disminuir el costo de la ración sin comprometer los niveles de productividad y salud del ganado (Intervet, 2006).

OBJETIVO GENERAL

Evaluará las raciones alimenticias de los lotes de engorda en corral. Aplicará los conocimientos necesarios para la elaboración de programas de alimentación de engorda en corral.

OBJETIVO ESPECIFICO

1. Evaluar las raciones alimenticias en la unidad de producción.

2. Realizar el balanceo de raciones para las distintas etapas utilizando programas de cómputo.

3. Elaborar un programa de alimentación integral de engorda en corral.

ACTIVIDADES

1. Evaluación de dietas suministradas a animales de engorda en corral de acuerdo a las características del ganado.

2. Elaboración de una hoja de cálculo para elaborar dietas y presupuestos financieros.

3. Formulación de dietas para un ciclo completo de engorda con ingredientes alternativos.

4. Elaborar un plan de alimentación para un corral de engorda por un año.

HABILIDADES Y DESTREZAS A ADQUIRIR

1. Evaluar procesos existentes y emitir juicios técnicos fundamentados en el conocimiento teórico.

2. Desarrollar metodologías de trabajo y de investigación para identificar puntos clave en un proceso productivo.

3. Proyectar resultados y elaborar presupuestos para una actividad productiva.

4. Diseñar y desarrollar programas de actividades en una unidad de producción.

5. Aprovechar los recursos informáticos para evaluar procesos y proyectar resultados futuros.

DESARROLLO DE LA PRÁCTICA

Evaluación de la ración en un corral de engorda

El equipo deberá realizar una investigación bibliográfica que le permita establecer un protocolo de investigación para recabar puntos clave que le permitan desarrollar la "evaluación" de las raciones utilizadas en el corral de engorda sujeto de estudio. En su investigación deberán considerar los factores relacionados con el proceso de crecimiento y finalización. El resultado de la investigación bibliográfica deberá traducirse a un listado de preguntas y puntos por evaluar in situ, plasmados por escrito.

Una vez definido el protocolo de investigación, los equipos acudirán a un corral de engorda con la finalidad de recabar información relacionada con el tipo de ganado en engorda (tipos, número de animales, etapa del proceso, sexo, edades, requerimientos, fecha de inicio y de finalización esperada). Será necesario hacer el levantamiento de datos concernientes a los ingredientes utilizados, cantidades suministradas, precios, disponibilidad).

Con los datos recabados en la unidad de producción, los equipos deberán estimar los aportes nutricionales de las dietas que actualmente se suministran. De acuerdo al tipo de ganado, la etapa en la que se encuentran y a los requerimientos actuales, el equipo deberá emitir un juicio para calificar los hallazgos del análisis realizado. Como parte de la evaluación deberá determinarse la ganancia total, ganancia diaria promedio, conversión alimenticia, costo de producción por kilo de peso, costo de alimentación, margen bruto, utilidad, rentabilidad y relación costo beneficio. Los resultados y su correspondiente discusión deberán entregarse por escrito en un informe ejecutivo y presentarse en forma oral en una sesión abierta al final de la práctica.

Formulación de raciones

Con los conocimientos obtenidos en sus cursos teóricos de Nutrición y de Zootecnia de Bovinos de Carne I y II, los equipos deberán elaborar las raciones que reflejen las etapas que conforman el ciclo completo (desde el ingreso hasta la salida) dentro de un corral de engorda. Las dietas a formular deberán realizarse para alimentar a un ganado similar a la encontrada en la unidad de producción visitada. Las dietas podrán considerar los mismos ingredientes aunque deberán considerarse otros alimentos que por su costo puedan ser considerados en la ración.

Para elaborar las dietas los alumnos realizarán una sesión conjunta entre los equipos y el profesor, para la "construcción de una hoja de cálculo para formular raciones de engorda". En ella el profesor orientará a los alumnos para que estos, desarrollen sus propios programas, diseñados para el interés de esta práctica y para su futuro desempeño profesional.

Una vez culminadas sus hojas de cálculo, verificarán y comprobarán los resultados logrados, mediante comparación de resultados de otros paquetes disponibles comercialmente. Con el programa desarrollado, los equipos deberán desarrollar una evaluación económica y la estimación de egresos e ingresos, de manera similar al ejercicio previo.

Elaborar un programa de alimentación integral de engorda en corral

Con el programa desarrollado por los alumnos y tomando como ejemplo el corral de engorda que fue visitado, los alumnos diseñarán un plan de alimentación para todo un año. Considerando la capacidad instalada, la capacidad de los corrales, los tiempos de engorda y las fechas de salida, determinarán la cantidad de ciclos que pueden ser manejados, determinarán las dietas por etapas en cada ciclo y proyectarán las necesidades de cada uno de ingredientes. Al final, de esta sección, el equipo deberá presentar un balance financiero de la actividad de engorda al cabo de un año de ejercicio.

FORMA DE EVALUACIÓN DE LA PRÁCTICA

La evaluación de la práctica se realizará mediante la entrega de un reporte ejecutivo por escrito y una presentación oral para someterse discusión general con el resto del grupo.

El reporte escrito deberá estar estructurado en tres partes:

1. Evaluación de las dietas del corral visitado

2. Elaboración de dietas para cada una de las etapas de un ciclo, considerando ingredientes alternativos.

3. Presentación de un programa técnico-económico de alimentación de un corral de engorda para un tiempo de un año civil.

BIBLIOGRAFÍA

1. Field, T. G. (2007). *Beef production and management decisions* (5th edition ed.). New Jersey: Pearson Prentice Hall.
2. Garza F.J. de D. (1986). Formulación de raciones. En: Shimada A.S., Rodríguez G. F. y Cuarón J.A., 1989. Engorda de ganado en corrales. Consultores en Producción Animal., México, 197-214.Gil S.B., 2006. Engorde intensivo (feedlot), elementos que intervienen y posibles impactos en el medio ambiente. Sitio Argentino de Producción Animal. 6-10. www.produccio-animal.com.ar

3. Intervet (2006). Recomendaciones para el manejo del corral de engorda. Estado de México: Intervet de México.
4. Morales T.H. (2001). Evaluación de sistemas de alimentación para la engorda intensiva de ganado bovino. Tesis de Doctorado. Facultad de Agronomía. Universidad Autónoma de Nuevo León. Nuevo León.
5. Pritchard S. (2010). Formulación de la ración básica. Fisiología digestiva y manejo del alimento. Sitio Argentino de Producción Animal. www.produccio-animal.com.ar

La evaluación de esta práctica se complementa con el anexo A

PRÁCTICA 7

ALIMENTACIÓN Y SUPLEMENTACIÓN EN PASTOREO

INTRODUCCIÓN

Uno de los factores que más limitan la productividad de las explotaciones ganaderas es el manejo inadecuado del pastoreo, ya que en la mayoría de los casos se utiliza una carga animal superior a la capacidad de sostenimiento del potrero (Briske et al., 2008).

La capacidad de carga de un potrero se determina a partir de la disponibilidad de forraje, en zonas áridas y semiáridas el forraje disponible es de aproximadamente 250, 900 y 1600 kg de MS/ha/año para matorrales desérticos, pastizales medianos y pastizales halófitos,  respectivamente. Con base en estas cantidades, el coeficiente de agostadero puede variar entre 5.1 y 61.2 ha/UA.

En contraste, en regiones de trópico húmedo, en praderas de temporal el forraje disponible varía entre 8 y 20 t de MS/ha, mientras que en el trópico subhúmedo varía entre 7 y 15 t de MS/ha, en estas dos condiciones el coeficiente de agostadero va desde 0.8 hasta 32.0 ha/UA.

En cambio, en áreas de pastoreo con especies nativas y de ramoneo, el coeficiente de agostadero varía entre 4 y 10 ha/UA. En cambio,

en áreas de pastoreo con especies nativas y de ramoneo, el coeficiente de agostadero varía entre 4 y 10 ha/UA.

En la ganadería, ajustar la carga animal, es una práctica fundamental para el manejo sustentable de las tierras de pastoreo mediante la cual se estima el número de unidades animal que puede sostener una explotación de acuerdo con su disponibilidad de recursos forrajeros. La utilización de una adecuada carga animal en el agostadero permite la recuperación de la vegetación (cobertura, producción, calidad y diversidad de especies), favorece la cosecha de agua de lluvia y contribuye a reducir la erosión; además, la productividad del ganado mejora al disponer de una mayor cantidad de forraje de buena calidad, lo cual favorece el desarrollo de una ganadería sostenible.

Pero además de lo anterior, la carga animal óptima en los potreros permite lograr una mayor rentabilidad de los ranchos ganaderos al disminuir los costos de producción (disponibilidad de forraje de calidad); también permite reducir costos por concepto de suplementos alimenticios necesarios para mejorar la respuesta individual del ganado. En tal sentido, es necesario calcular la carga animal por hectárea, es decir, establecer el número de animales que puede soportar por hectárea una pradera sin deteriorarse. Esta carga puede expresarse en términos de U.A. /Ha (Unidades Animales), donde cada unidad equivale a 450 kg., de Peso Vivo/Ha (expresa en kilos el peso total de los animales que pueden pastorearse por hectárea).

OBJETIVO GENERAL

A través de esta práctica se pretende que el estudiante sea capaz de evaluar la respuesta a los diferentes sistemas de pastoreo y suplementación y aplicar los conocimientos para la elaboración de programas de alimentación y suplementación en sistemas con base en el pastoreo.

OBJETIVOS ESPECÍFICOS

A través de esta práctica se pretende que el estudiante:

1. Evalúe la respuesta a los diferentes sistemas de pastoreo y suplementación.

2. Establezca un sistema de pastoreo y suplementación conveniente en la unidad de producción.

ACTIVIDADES

El estudiante, en el contexto de las unidades de producción de bovinos, tanto en el trópico como en el altiplano, realizará en equipo las siguientes actividades:

1. Caracterizará con base en lo visto en sus clases teóricas, el sistema de pastoreo vigente en una unidad de producción animal indicada por el profesor.

2. En equipo, definirá y aplicará con sus compañeros la metodología aprendida en sus clases teóricas para determinar la disponibilidad de forraje, así como la carga animal.

3. Hechos los cálculos y el análisis de los resultados, elaborará en equipo un reporte sobre la metodología empleada y los hallazgos encontrados haciendo una evaluación de los resultados hallados, así como una propuesta de suplementación bien fundamentada y acorde al sistema de pastoreo y fin de la unidad de producción animal.

4. El equipo expondrá los resultados al resto de sus compañeros, actuando y asumiendo siempre su papel de MVZ

profesional, asesor de empresas pecuarias dedicadas a la ganadería de bovinos de carne.

HABILIDADES Y DESTREZAS A ADQUIRIR

1. Habilidad para caracterizar el sistema de pastoreo vigente en una unidad de producción animal indicada por el profesor.

2. Habilidad para definir y aplicar una metodología para determinar la disponibilidad de forraje, así como la carga en una unidad de producción animal.

3. Habilidad para elaborar un reporte sobre los hallazgos encontrados así como la evaluación del sistema de pastoreo vigente en la unidad de producción señalando los puntos críticos.

4. Habilidad para elaborar una propuesta de mejora del sistema de pastoreo y de una estrategia de suplementación bien fundamentada y acorde al fin zootécnico de la unidad de producción animal.

DESARROLLO DE LA PRÁCTICA

La práctica inicia con una sesión introductoria por parte del profesor que permite al estudiante familiarizarse con la producción ganadera en estudio. Ya en el lugar el profesor realizará con los estudiantes un reconocimiento de especies forrajeras presentes.

Posteriormente, cada equipo determinará la disponibilidad de forraje, así como la carga animal presente en una determinada área de pastoreo.

A continuación, procederá, con base en lo aprendido en las clases teóricas, a realizar los cálculos y el análisis de los resultados.

Finalmente, elaborará y presentará en equipo de manera profesional, un reporte sobre la metodología empleada y los hallazgos encontrados haciendo una propuesta de suplementación bien fundamentada y acorde al sistema de pastoreo y fin de la unidad de producción animal.

FORMA DE EVALUACIÓN DE LA PRÁCTICA

Los estudiantes entregarán un informe por escrito, el cual contemplará los cálculos correspondientes a la producción de materia seca y la carga ganadera instantánea, mencionando los ajustes de carga acorde a la disponibilidad de forraje así como una propuesta de suplementación bien fundamentada y acorde al sistema de pastoreo y fin de la unidad de producción animal.

La evaluación se complementará con la presentación profesional que hará el equipo al resto de los compañeros.

- **La evaluación de esta práctica se complementa con el anexo A**

BIBLIOGRAFÍA
Briske DD, Derner JD, Brown JR, Fuhlendorf SD, Teague WR, Havstad KM, Guillen RL, Ash AJ and Willms WD. 2008. **Rotational grazing on Rangelands: Reconciliation of perception and experimental evidence.** Rangeland Ecol & Manage. 61(1):3-17.

PRÁCTICA 8

BIOSEGURIDAD Y PREVENCIÓN DE ENFERMEDADES

INTRODUCCIÓN

La calidad de la carne se va logrando a través de todo el proceso, que comienza en la cría del animal y se completa en el plato del consumidor (Castro *et al.* 2005). En todo este proceso, el bienestar animal juega un papel fundamental.

De acuerdo con Thomas, Astesana, y Urso (2011), el bienestar de los animales puede ser enfocado desde dos perspectivas diferentes:

Enfoque basado en preocupaciones filosóficas o éticas: en la cual se sostiene la idea de minimizar o evitar el sufrimiento innecesario, considerándolos como seres vivos capaces de sentir el sufrimiento y prioriza el respeto por las cinco libertades establecidas para el manejo de los bovinos:

Vivir libre de hambre, sed y desnutrición; - de temor y angustia: - de molestias físicas y térmicas;- de dolor, de lesión y enfermedad y disponer de libertad para manifestar un comportamiento natural (Duncan I., 1996; Broom D., 1991; Rollin B., 1992), y;

Enfoque orientado al mercado: su importancia se sustenta en el posible efecto negativo sobre las características de la canal y la carne, constituyéndose en un determinante de la productividad, calidad y homogeneidad del producto obtenido. Las lesiones superficiales que afectan principalmente al tejido adiposo son muestras del maltrato recibido por el animal. Los tejidos dañados son descartados por la inspección veterinaria previa al pesado de la canal, y estos suelen ser los de mayor valor. Las lesiones profundas que afectan al tejido muscular y óseo son las causas de las mayores pérdidas económicas y evidencian maltratos intensos y continuos (Rebagilati *et al,* 2008).

Hoy por hoy, y ante un mundo globalizado, para cualquier país que quiera ser competitivo resulta imprescindible que en las explotaciones ganaderas y en particular, la de bovinos de carne por ser interés de esta materia, se maneje, sin descuidar el bienestar de los bovinos, un *Enfoque orientado al mercado:* su importancia se sustenta en el posible efecto negativo sobre las características de la canal y la carne, constituyéndose en un determinante de la productividad, calidad y homogeneidad del producto obtenido.

El objetivo de un programa de aseguramiento de la calidad es el control de los procesos a fin de minimizar los riesgos de efectos indeseables en el producto final. Se trata de mantener la calidad de los animales recibidos para comercialización, minimizando los riesgos de afectar el bienestar de los mismos cuyo destino es otro establecimiento de producción o de engorde, o para su envío a faena en frigoríficos, todo esto es de suma importancia para la competitividad de la cadena. Animales saludables, manejados correctamente harán que la industria de la carne funcione en forma segura, rentable y eficiente (De la Sota, 2004).

OBJETIVO GENERAL

A través de esta práctica se pretende que el estudiante evalúe y elabore el programa de bioseguridad y medicina preventiva en la unidad de producción.

OBJETIVO ESPECIFICO

A través de esta práctica se pretende que el estudiante:

1. Verifique y de seguimiento del programa de bioseguridad y medicina preventiva en la unidad de producción.

2. Elabore un programa de bioseguridad, prevención y control de enfermedades, de acuerdo a la zona en que se trabaja o se planea.

3. Desarrolle un programa de prevención y bioseguridad de acuerdo a la unidad de producción (pie de cría, pastoreo y engorda en corral).

ACTIVIDADES

1. Para esta práctica se contempla la asistencia ya sea a un rastro o a una unidad de producción de bovinos de carne (pie de cría, pre engorda en pastoreo o engorda en corral) por lo que una vez definida la unidad de estudio, el profesor explicará las siguientes actividades a realizar por los estudiantes.

2. En trabajo de equipo, el estudiante elaborará una lista de cotejo la cual deberá contemplar: Ubicación de las explotaciones; Infraestructura, instalaciones y equipos; Condiciones de higiene en las explotaciones ganaderas; Uso y calidad del agua; Alimentación animal; Sanidad animal; Control de plagas (roedores, insectos y fauna nociva); Medicamentos y aditivos veterinarios; Uso de productos fitosanitarios; Bienestar animal (transporte de animales vivos;

preparación de los animales para el sacrificio); Registro e identificación animal; Manejo ambiental; Seguridad y bienestar laboral. Para la creación de esta lista, deben hacer uso de la biblioteca del Centro de Enseñanza y/o investigar en red los requisitos generales y recomendaciones para la aplicación de las buenas prácticas ganaderas.

3. Con la lista de cotejo ya elaborada, cada equipo procederá, mediante observación, a llenar los indicadores de esta lista.

4. Durante la práctica se pondrá especial interés en observar, por ejemplo, el uso de picanas, los golpes durante el manejo, el diseño de la rampa de descarga, el proceso de separación de los animales en categorías para su posterior venta, o la disponibilidad de espacio, sombra y agua en los corrales de encierro del ganado.

HABILIDADES Y DESTREZAS A ADQUIRIR

1. Habilidad para evaluar las prácticas ganaderas en bovinos que causan perjuicios económicos en plantas frigoríficas.

2. Habilidad para definir y aplicar una metodología que permita analizar el impacto sobre el bienestar de los animales según se haya implementado o no un programa de aseguramiento de la calidad que considera el bienestar de los mismos.

3. Habilidad para elaborar un reporte sobre los hallazgos encontrados haciendo una propuesta que mejore los procesos que se llevan a cabo en el transporte de los animales atendiendo el efecto en el bienestar animal.

DESARROLLO DE LA PRÁCTICA

La práctica inicia con una sesión introductoria por parte del profesor que permite al estudiante recordar conceptos y aspectos relacionados con la función del MVZ en su papel de promover el bienestar de los animales y hacer eficiente la productividad de una empresa.

Ya en el lugar de estudio, (sea en un rastro o en una unidad de producción de bovinos de carne), el profesor explicará las actividades a realizar por los estudiantes.

Posteriormente, en equipos de trabajo y con la lista de cotejo por ellos mismos elaborada, procederá a su llenado.

A continuación, los estudiantes en equipo analizaran los datos y procederán a elaborar un reporte de lo observado.

Finalmente, cada equipo presentará de manera profesional, un reporte sobre la metodología empleada y los hallazgos encontrados haciendo una propuesta bien fundamentada de mejora de los procesos previamente analizados y acorde al fin de la empresa, haya sido un rastro o una unidad de producción de bovinos de carne, la situación de aprendizaje.

FORMA DE EVALUACIÓN DE LA PRÁCTICA

Los estudiantes entregarán un informe por escrito, el cual contemplará la lista de cotejo llenada por ellos, así como lista de recomendaciones para mejorar los procesos en el manejo y bienestar de los animales.

La evaluación se complementará con la presentación profesional que hará el equipo al resto de los compañeros.

• **La evaluación de esta práctica se complementa con el anexo A**

BIBLIOGRAFÍA

1. Broom, D. M. 1991. Animal welfare: concepts and measurement. Journal of Animal Science 69:4167-4175.
2. Castro, L. E. & Robaina, R.M. 2005. Manejo ante mortem y su relación con la calidad de la carne. INAC. 23 p. Montevideo. Uruguay. Disponible en Internet: http:// www.mgop.gub.uy.
3. De La Sota, M. D. 2004. Manual de procedimientos bienestar animal. SENASA. 38 p. Buenos Aires. Argentina. Disponible en: http://\v\vw.senasa.gov.ar/sanidad/pdi7 05bienestar.pdf.
4. Duncan, I. J. M. 1996. Animal welfare defined in terms of feelings. Acta Agriculturae Scandinavica Section A. Animal Science, Supplement 27: 29-35
5. Evaluación del trato a los animales durante el manejo previo al remate en instalaciones de remates ferias. Revista FAVE - Ciencias Agrarias 10 (1-2) 2011
6. Giménez Zapiola, M.2006. Bienestar Animal y Calidad de la Carne. IPCVA. Cuadernillo Técnico N°l. Disponible en Internet: http://www.ipcva.com.ar
7. Rebagilati, J. E.; Ballerio. 2006. Evaluación de las prácticas ganaderas en bovinos que causan perjuicios económicos en plantas frigoríficas de la República Argentina (Año 2005). IPCVA Cuadernillo Técnico N° 3. Disponible en Internet: http:// www.ipcva.com.ar.
8. Rollin, B. E. 1992 Animal Rightsand Human Morality. Prometheus Books: Buffalo. USA.
9. Thomas, J.; Astesana, E. y Urso, R. 2011, El manejo de los animales en instalaciones de remates ferias y su impacto sobre el bienestar animal y la calidad de la carne. I.

PRÁCTICA 9

PARÁMETROS REPRODUCTIVOS Y PRODUCTIVOS

INTRODUCCIÓN

En cualquier esquema de ganadería para la producción de carne, el objetivo último de cada ganadero es la obtención de un beneficio económico tangible a partir del ganado (Thomas & Hersom, 2012). Dicho beneficio será la consecuencia del nivel de productividad, eficiencia productiva, rentabilidad y sustentabilidad de las operaciones de la unidad de producción (Cienfuegos-Rivas, et al., 2006). Las unidades de producción que viven de la ganadería de carne y están orientadas hacia la rentabilidad, necesitan un ganado productivo y eficiente (Field, 2007).

Para determinar si una unidad de producción realmente logra sus objetivos primordiales de productividad y rentabilidad, requiere un ejercicio profundo de evaluación (Field, 2007). Para conocer el funcionamiento de los programas zootécnicos implementados se requiere de  un esquema de "Control de Producción", basado en el "Seguimiento y Evaluación". El control de producción considera el registro y análisis del comportamiento de los indicadores productivos, reproductivos, salud y económicos (Espinoza-García, et al., 2010; Domínguez-Viveros, 2010). La evaluación tiene como propósito aportar información sobre las que se basa la toma de decisiones relacionadas con la estructura y funcionamiento de un programa, una empresa o un determinado grupo de animales (Domínguez-Viveros, 2010). La evaluación debe generar un paso de la subjetividad (lo que se cree) a la objetividad (lo que es). Para cumplir con esta premisa, es fundamental que la evaluación esté enfocada a medir el impacto tecnológico y las decisiones realizadas mediante el análisis de los indicadores correspondientes (Espinoza-García, et al., 2010).

Antes de evaluar, es necesario definir el tipo de evaluación que se requiere. Es importante definir ¿qué evaluar?, ¿cómo describir el objeto de evaluación?, ¿cuál es el contexto de la evaluación?, ¿cuál es el propósito de la evaluación?, ¿a quienes debe considerar una evaluación?, ¿cuáles son los indicadores con los que se va a evaluar? y ¿Cuáles serán los métodos para obtener dichas variables? (Espinoza-García, et al., 2010)

Los indicadores técnicos son el punto de referencia para el seguimiento y la evaluación en cualquier empresa, ya que permiten ver con claridad el comportamiento del animal (Espinoza-García, et al., 2010). Los indicadores técnicos deben ser objetivos, prácticos, sencillos, descriptivos y que su uso demande poco tiempo para que pueda ser adoptados por el productor. Es importante que el profesionista y el ganadero entiendan el significado, la utilidad y el beneficio de implementar el uso de indicadores, a fin de evitar que la evaluación se convierta en una actividad sin sentido o en la pérdida de tiempo (Espinoza-García, et al., 2010).

Existen muchas formas de estructurar un procedimiento de evaluación, se puede evaluar en función del tiempo (comportamiento productivo de un año), por programas zootécnicos (programa de alimentación, reproducción), por etapas de la vida del animal (crianza, desarrollo, etapa reproductiva, etapa productiva).

El asesor y el ganadero deberán definir conjuntamente la intención de la evaluación. La elección de la estructura para una evaluación dependerá del propósito de la misma, de los resultados que de ella se espera, del tipo de actividad zootécnica y disponibilidad de información. Como es lógico suponer, para poder evaluar, es indispensable la disponibilidad de datos y el conocimiento los indicadores técnicos de referencia para desarrollar cualquier tipo de evaluación.

Considerando lo anterior, el interés de esta práctica es que los estudiantes en formación profesional, se familiaricen con los procedimientos de evaluación a un modelo de producción. A través de la obtención y análisis de la información disponible, los alumnos deberán desarrollar la capacidad para determinar el escenario en el que la unidad de producción elegida realizará sus actividades.

Conociendo el escenario de la unidad de producción, es importante que además establezca y califique el nivel productivo actual con base a los indicadores técnicos productivos normales. Con ello será posible establecer los puntos críticos (fortalezas y sus debilidades) para construir propuestas técnicas de corrección hacia el futuro de la empresa pecuaria.

OBJETIVO GENERAL

A través de esta práctica se pretende que el estudiante:

* Evalúe los parámetros reproductivos y productivos de la unidad de producción

OBJETIVO ESPECIFICO

A través de esta práctica se pretende que el estudiante:

1. Evalúe los parámetros reproductivos: días abiertos, porcentaje de fertilidad, intervalo entre partos, porcentaje de concepción y de gestación.

2. Evalúe los parámetros productivos: ganancia de peso, conversión alimenticia y rendimiento en canal.

3. Establezcar un balance de resultados productivos y reproductivos.

ACTIVIDADES

El estudiante, en el contexto de las unidades de producción de bovinos, tanto en el trópico como en el altiplano, realizará en equipo las siguientes actividades:

1. Definir un criterio o modalidad de evaluación.

2. Elaborar y desarrollar un plan de evaluación y la metodología de evaluación productiva-reproductiva por utilizar.

3. Cálculo de indicadores o parámetros para la evaluación productiva-reproductiva de acuerdo al plan de acción propuesto.

4. Definir el estado productivo-reproductivo actual del establecimiento y estructurar un informe de resultados.

5. Plantear metas productivas o reproductivas futura.

HABILIDADES Y DESTREZAS A ADQUIRIR

El alumno desarrollará la habilidad de:

1. Diseñar e instrumentar un procedimiento de evaluación productiva y reproductiva de un hato.

2. Calificar un proceso productivo basado en metodologías de evaluación que generen resultados.

3. Emitir juicios de valor (fortalezas y debilidades) fundamentado en una metodología de estimación o cálculo de indicadores.

4. Traducir resultados de una evaluación de procesos en propuestas de medidas correctivas, soluciones, planes de trabajo futuro, toma de decisiones, planteamiento de metas.

DESARROLLO DE LA PRÁCTICA

*   Los equipos de alumnos deberán definir el criterio o modalidad de evaluación que podrán en marcha para conocer el estado de la unidad de producción. El criterio de evaluación deberá ser acorde a la caracterización ambiental y operacional comercial que previamente fueron realizadas (práctica 1 y práctica 4), así como a la disponibilidad de información en los registros.
*   Conociendo la unidad de producción, el escenario operacional comercial, la información resultante de las prácticas anteriores y de la información técnica verdaderamente disponible (registros productivos), los alumnos deberá discutir un plan de acción y la metodología que emplearán para evaluar la productividad del hato. En este paso deberán señalar los criterios y los indicadores correspondientes que utilizarán para medir el desempeño de los animales. Deberán considerar además, los valores óptimos de dichos indicadores, para calificar los resultados con la evaluación. Para la ejecución de este punto los alumnos deberán fundamentar sus planteamientos con información bibliográfica de fuentes específicas y apuntes del curso teórico.
*   Con los datos reunidos, el equipo ordenará la información de acuerdo a los criterios que fueron definidos previamente y se desarrollarán los cálculos necesarios para determinar o estimar los parámetros, con los que calificarán el desempeño del ganado. Es importante considerar que el objetivo de la práctica está centrado en el comportamiento productivo y reproductivo del hato.
*   Una vez calculados los parámetros definidos con anterioridad, se deberá contrastar los resultados contra los indicadores óptimos o normales (investigados previamente). Para la comparación de la información deberá mantenerse el cuidado para que la evaluación pueda: Reflejar el nivel

de productividad y eficiencia general del hato en las características de crecimiento y fertilidad del ganado. Detectar las deficiencias en los programas zootécnicos o etapas fisiológicas del ganado. Caracterizar la evolución del desempeño productivo y reproductivo (indicadores) en función del tiempo (mostrar tendencias). La evaluación deberá apegarse a las metodología convencionales universales de cálculo de indicadores, con el propósito sean comparables con los indicadores óptimos. Los procedimientos y metodologías de cálculo de parámetros serán obtenidos de la investigación bibliográfica previa.

- Con los resultados obtenidos (cálculo de indicadores) y la evaluación realizada de acuerdo a los criterios elegidos, los alumnos determinaran y explicarán los puntos débiles en las operaciones de manejo del hato.
- De acuerdo con el punto anterior, establecerán metas productivas futuras viables y propondrán sugerencias o medidas correctivas (manejo o mejora genética) para la mejora de resultados, fundamentados desde el punto de vista técnico o científico.
- Como resultado de la evaluación general deberán detectar e identificar a los ejemplares más productivos o eficientes en su desempeño, para que estos sean los que perduren por más tiempo en el hato y sean los que participen activamente en el programa de mejoramiento genético. En contraparte deberá identificarse aquellos ejemplares que no cumplen con los niveles mínimos necesarios para permanecer dentro del mismo.
- Al final, el equipo estructurará un reporte ejecutivo de resultados (ver sección de evaluación).

FORMA DE EVALUACIÓN DE LA PRÁCTICA

La evaluación de la práctica se realizará a través de la presentación escrita de un reporte ejecutivo y la presentación pública de resultados.

El equipo deberá culminar su actividad práctica con la elaboración de un reporte ejecutivo de resultados El reporte se estructurará de acuerdo al orden de actividades de la práctica. En cada actividad señalará los procedimientos y resultados observados y la interpretación de los mismos. El reporte sintetizará lo más relevante encontrado en la evaluación realizada al hato. Las recomendaciones y alternativas propuestas deben tener fundamento técnico-científico. Debe haber señalamiento de conclusiones consensadas por el equipo.

Como parte de la evaluación, el equipo mostrará públicamente sus resultados en una sesión de presentación oral, donde expondrán la metodología definida y los logros de su estrategia de trabajo. La sesión estará orientada a la discusión de los criterios, procedimientos, resultados y conclusiones, así como intercambio de puntos de vista entre los equipos.

- **La evaluación de esta práctica se complementa con el anexo A**

BIBLIOGRAFÍA

1. Cienfuegos-Rivas, E. G., De Orúe-Ríos, M. A., Briones-Luengo, M. & Martínez-González, J. C., 2006. Estimación del comportamiento productivo y parámetros genéticos de características predestete en bovinos de carne (Bos taurus) y sus cruzas, VIII Región, Chile.. *Arch. Med. Vet.,* 38(1), pp. 69-75.
2. Domínguez-Viveros, J., 2010. Importancia de los registros y características a evaluar.. En: M. Montaño-Bermudez & G. Martínez-Velázquez, edits. *Guía técnica de programas de control de producción y mejoramiento genético en bovinos de carne..* Monterrey: CONARGEN, pp. 3-15.
3. Espinoza-García, J. A. y otros, 2010. *Administración de ranchos con base en el uso de registros técnicos y económicos. Libro Técnico N°3.* Segunda edición ed. México: CENIDMA-INIFAP.
4. Field, T. G., 2007. *Beef production and management decisions.* 5th edition ed. New Jersey: Pearson Prentice Hall.
5. Thomas, M. & Hersom, M., 2012. *Considerations for selecting a bull.,* Florida: Florida Cooperative Estension Service, Institute of Food and Agricultural Sciences. AN218. http://edis.ifas.edu.

PRÁCTICA 10

DIAGNÓSTICO DEL USO ACTUAL DE LOS RECURSOS

INTRODUCCIÓN

Para que una ganadería pueda ser exitosa y cumplir con su objetivo primordial, deberá vigilar que sus operaciones estén dirigidas hacia los principios de productividad, eficiencia productiva, competividad, rentabilidad (Field, 2007). Para mantener o incrementar  la productividad y la eficiencia en las operaciones que aseguren la rentabilidad en los sistemas de producción de bovinos de carne y en un esquema comercial globalizado (demanda y calidad), es necesario entender las interacciones entre los factores de cada sistema y como estas interacciones contribuyen a la rentabilidad del sistema (Allende y Aguilar, 2007; Martínez-Velázquez, 2010). En la ganadería de carne, como actividad económica, la mejor manera de analizar las interacciones entre los factores de la producción es a través de un proceso de seguimiento y evaluación de resultados para verificar el cumplimiento de sus metas (Espinoza-García, et al., 2010).

La necesidad de evaluar escenarios productivos dinámicos ha demandado el desarrollo e implementación de herramientas para apoyar la toma decisiones conocidos en forma genérica como "sistemas de apoyo a la toma de decisiones o sistemas de gestión".

Dentro de estos sistemas se incluyen metodologías como los modelos computacionales de simulación (Aguilar y Allende, 2007). Un modelo de simulación es una abstracción de un sistema o proceso real, una simplificación formal que incluye los elementos esenciales que conforman un sistema (Galindo y Vargas, 2009).

Los modelos de simulación computacionales permiten analizar cuantitativamente e identificar variables con un grado mayor de sensibilidad sobre las respuestas disminuyendo el sesgo en la toma de decisiones (Aguilar y Allende, 2007). Los modelos de simulación se diseñan y construyen con el propósito de entender, explicar o mejorar el funcionamiento de un sistema real, concepto u objeto (Allende y Aguilar, 2007; Galindo y Vargas, 2009).

En el seguimiento y evaluación de la empresa, los modelos de simulación pueden ser de utilidad práctica para: proyectar el crecimiento del ganado bajo determinadas circunstancias y con ello proyectar los requerimientos nutricionales, proyectar el desarrollo del hato, proyectar la producción del hato para uno o varios ciclos, proyectar la necesidad de recursos forrajeros, determinar funciones de optimización de recursos (maximización de ingresos y minimización de costos), nivel de competitividad, productividad, relación ingresos-egresos, utilidades, rentabilidad, relación costo-beneficio, factibilidad, punto de punto de equilibrio que podrán analizarse a través de distintos escenarios en uno o varios ciclos de producción, entre otras más.

Por otro lado los modelos permiten hacer simulaciones para estimar y analizar los efectos de determinadas decisiones sobre la productividad, rentabilidad y eficiencia (análisis de sensibilidad). En estos casos las decisiones pueden ser simuladas con el uso de indicadores o parámetros que pueden adquirir determinados valores y así conocer los resultados en alguna variable respuesta de interés (rentabilidad, utilidades, competividad, eficiencia).

Dentro de los programas zootécnicos, pueden ser de utilidad para proyectar los efectos de diversas variables (tasa de parición, tasa de destete, tasa de mortalidad o morbilidad, tasa de reemplazo, ganancias diarias de peso) sobre los indicadores de productividad (crías nacidas por año, cantidad de becerros destetados por año, novillas disponibles para reemplazo), sobre indicadores de rentabilidad (precio de equilibrio, utilidad, tasa de rentabilidad) o eficiencia productiva (kilos de peso ganado por kilo de alimento consumido, kilos de becerro destetado por vaca, kilos de ganancia de peso por hectárea).

Con estas estimaciones se podrá calificar o medir los resultados logrados a través de los programas zootécnicos y con ello verificar si se han cumplido las metas o en su defecto efectuar los ajustes pertinentes para el cumplimiento de las metas, además de la posibilidad de establecer nuevos indicadores para medir nuevas metas para la unidad de producción, de acuerdo al entorno agroecológico, al sistema de producción y entorno comercial.

El desarrollo de esta práctica guarda continuidad y es complementaria a la práctica 8 relacionada con la "evaluación de parámetros productivos", encaminada a la calificación de los programas zootécnicos. El enfoque de esta pacta se orienta a la evaluación integral y conclusiva del sistema de producción, a través del análisis de los efectos de los indicadores técnico productivos, sobre el estado productivo y financiero de la empresa.

OBJETIVO GENERAL

A través de esta práctica se pretende que el estudiante evalúe el uso actual de los recursos de la empresa y determine las posibles causas de valores por debajo de las metas establecidas.

OBJETIVO ESPECIFICO

A través de esta práctica se pretende que el estudiante:

10.1 Analice los recursos de la unidad de producción.

10.2 Analice los parámetros e identifique los puntos críticos productivos.

ACTIVIDADES

El estudiante, en el contexto de las unidades de producción de bovinos, tanto en el trópico como en el altiplano, aplicará los modelos de simulación por computadora para realizar las siguientes actividades:

1. Evaluará el estado productivo y financiero de una unidad de producción de crianza basado en el análisis comparativo de dos escenarios alternativos.

2. Realizará un análisis prospectivo de factibilidad y competitividad de la unidad de producción manejando escenarios alternativos.

HABILIDADES Y DESTREZAS A ADQUIRIR

Con el desarrollo de la práctica el alumno logrará la capacidad para:

1. Integrar los campos del conocimiento técnico zootécnico con el campo económico administrativo.

2. Aplicar modelos matemáticos computacionales para a analizar y calificar los efectos de las decisiones hechas, comportamiento de indicadores productivos, así como el estado productivo y el financiero de la empresa.

3. Aprovechar la cualidad predictiva de un modelo de simulación por computadora para definir los indicadores óptimos de una

unidad de producción basados en el análisis prospectivo de resultados en escenarios alternativos.

4. Detectar puntos críticos de un proceso productivo basado en el análisis de resultados de una evaluación.

5. Definir metas específicas en los programas zootécnicos, basados en los resultados proyectados basados en un análisis prospectivo.

6. Generar lineamientos y recomendaciones correctivas para el cumplimiento de metas específicas.

DESARROLLO DE LA PRÁCTICA

Como inicio de la práctica el profesor guiará la recapitulación de los resultados y conclusiones de las prácticas anteriores para integrar el panorama actual de la unidad de producción evaluada. De igual modo explicará la metodología que emplearán para realizar un análisis productivo y financiero de la unidad de producción.

Evaluación del estado productivo y financiero de una unidad de producción en escenarios alternativos

- El equipo con el auxilio del profesor definirán el tipo de análisis por desarrollar durante la práctica, con base en el tipo de unidad de producción elegida y a la cantidad de información existente. Para ello el equipo deberá reunir la información existente y realizará la planeación de la faltante.

- Una vez integrada la información se organizará y resumirá para ser incorporada en hojas de cálculo prediseñadas (entradas o "*input*") con el fin de aplicar las ecuaciones del modelo matemático correspondiente (modelo en computadora). Una vez incluida la información en el modelo de simulación, se determinaran valores de variables (indicadores técnico-productivos) para recrear un escenario alternativo y efectuar un análisis comparativo.

- En los cuadros 1 y 2 del anexo III de esta práctica, se muestran los ejemplos de interfaz (hoja de cálculo) donde habrá de ser incorporada la información (cuadro 1) y la hoja de cálculo donde aparecerán los resultados de los cálculos realizados por el modelo (cuadro 2). El cuadro 2 simula los resultados que podría esperarse para los dos escenarios del análisis, una vez incorporado la información e indicadores que fueron solicitados en la interfaz de ingreso de información.
- Los parámetros del escenario alternativo podrán ser los valores óptimos o ideales derivados de una investigación bibliográfica previa. Los valores de los parámetros del escenario por evaluar serán los que resultaron de la compilación de información realizada o estimada previamente por el equipo, a partir de los datos de la unidad de producción.
- Una vez realizado el procedimiento descrito, el equipo analizará los resultados observados, mediante la comparación entre lo ocurrido con los datos reales y los resultados que se esperarían como óptimos. El análisis deberá concluir con la explicación de las causas de las diferencias entre los escenarios y definir los puntos críticos.

Análisis prospectivo de factibilidad y competitividad de la unidad de producción con escenarios alternativos

- Para este tipo de análisis el equipo deberá recabar la información deberá considerar e investigar la información de un año en particular. Se requiere contar con el monto total de costos totales anuales de la empresa, el número de animales que conforman el hato, la tasa de cosecha de becerros, el peso promedio de becerros al destete y el precio corriente por kilogramo de peso de becerro destetado en el mercado local y alguno alternativo.
- En el anexo III cuadro 3 se muestra una guía en donde se muestra las modalidades en que puede hacerte este análisis. Los equipos auxiliados por el profesor, desarrollarán una hoja de cálculo con los algoritmos necesarios para desarrollar la siguiente actividad.
- En el cuadro 4 del anexo III, se encuentra un ejemplo de interfaz realizada en una hoja de cálculo para calcular las

incógnitas descritas anteriormente. Con los mismos datos (situación real y escenario alterno) se resolverán as incógnitas de los siguientes casos:

A. **Precio o punto de equilibrio por kilo de peso.** Será el precio mínimo de venta para lograr la rentabilidad, conociendo el costo de manutención vaca año, la tasa de cosecha de becerros, el peso promedio al destete y el precio del kilo de becerro destetado en la zona (en ambos escenarios). Para determinar la competitividad en el precio se calculará la diferencia entre los precios por kilo de becerro destetado (costo por kilo y precio pagado por kilo en la zona).

B. **Peso medio al destete.** Se determinará el peso que deberán lograr los becerros al destete, dependiendo del costo de mantenimiento vaca año, los precios pagados por kilo de peso en el mercado y la tasa de cosecha de becerros. Para determinar la factibilidad se realizará la comparación de los pesos promedio de destete calculados contra los promedios históricos logrados. La competitividad se establecerá mediante la comparación entre el peso promedio de destete calculado con el precio de equilibrio calculado (costo de producción) y el peso promedio calculado con el precio comercial de la zona.

C. **Tasa de cosecha de becerros.** Se determinará la tasa o porcentaje de becerros destetados necesarios para ser rentable, de acuerdo con el precio comercial pagado en la zona, el costo de manutención vaca año, y el peso promedio de peso al destete. La competitividad dependerá de la forma de interacción de las variables entre los escenarios.

D. **Monto máximo en costos de producción.** En esta modalidad se determinará el monto máximo permisible en el costo de manutención vaca año, para que el proceso pueda ser factible, rentable y competitivo. Para este caso se requiere la tasa de cosecha de becerros, el peso promedio al destete, el precio de equilibrio y el precio pagado por kilo destetado en la zona, en cada uno de los escenarios.

• El equipo realizará un reporte con el análisis de resultados y las conclusiones resultantes. Deberán aparecer plasmadas las interacciones observadas por el alumno y los puntos débiles encontrados en cada escenario. Deberán también identificarse los puntos críticos que ameriten medida correctiva o recomendaciones particulares.

FORMA DE EVALUACIÓN DE LA PRÁCTICA

Los equipos serán evaluados a través de la presentación de un reporte ejecutivo con los resultados del análisis técnico a la unidad de producción evaluada y con la presentación oral de su procedimiento, resultados y conclusiones.

• **La evaluación de esta práctica se complementa con el anexo A**

BIBLIOGRAFÍA

1. Allende V. R. y Aguilar G. C. 2007. Gestión en sistemas de producción bovina y ovina de carne: herramientas computacionales para diseñar y evaluar escenarios productivos. Memorias de la XX Reunión ALPA, Cusco Perú. Arch. Latinoam. Prod. Anim. Vol. 15 (Supl. 1): 1-7.

2. Espinoza-García, J. A. y otros, 2010. *Administración de ranchos con base en el uso de registros técnicos y económicos. Libro Técnico N°3.* Segunda edición ed. México: CENIDMA-INIFAP.

3. Field, T. G., 2007. *Beef production and management decisions.* 5th edition ed. New Jersey: Pearson Prentice Hall.

4. Galindo J. y Vargas B. 2009. Modelo estocástico para evaluación bio-económica de un sistema de producción bovino de cría y engorde bajo condiciones de pastoreo. Livestock Research for Rural Development 21 (5) 2009. http://www. lrrd.org/lrrd21/5/gali21062.htm.

5. Martínez-Velázquez, G. M., 2010. Utilización de reproductores. En: M. Montaño-Bermudez & G. M. Martínez-Velázquez, edits. *Guía técnica de programas de control y mejoramiento genético en bovinos de carne.* Monterrey: INIFAP, pp. 45-50.

PRÁCTICA 11

PROYECCIÓN DE
DESARROLLO DE HATO

INTRODUCCIÓN

En la ganadería de carne, cuando se plantea un proyecto productivo o un nuevo programa zootécnico, es difícil predecir con certeza los resultados futuros. Existen metodologías y procedimientos predictivos para aproximarnos a una visualización futura de resultados que permitan determinar anticipadamente la factibilidad de una decisión, de un proyecto de inversión, de un programa de trabajo, muchas veces disminuyendo la incertidumbre. Con este propósito se han desarrollado un sinfín de modelos de simulación o de predicción. Estos modelos, permiten simular escenarios y con ello observar el comportamiento de un sistema dependiendo del comportamiento de sus variables o factores (Espinoza-García, et al., 2010).

En este campo se encuentran también los "modelos de desarrollo de hato" o "proyección del desarrollo de hato" que son la simulación de la evolución de una población especifica (hato) y proyección del comportamiento productivo a través del tiempo, en diversos escenarios hipotéticos donde se simular determinadas  decisiones, circunstancias y prácticas de manejo recreados a través de indicadores o coeficientes técnico-productivos (Villegas *et al.*, 1989;

Vidal, 2006; Álvarez y Ducoing, 2006). Debido a que es el punto de partida para la proyección o la evaluación financiera, es importante que las estimaciones se fundamenten en los indicadores o parámetros técnicos productivos y reproductivos considerados como óptimos y alcanzables (Méndez, 2009; SAGARPA, 2011a, 2011b).

Los indicadores utilizados en la proyección del desarrollo del hato, modifican directa o indirectamente en el resultado final de cada una de las etapas que componen el hato (Villegas *et al.*, 1989; Vidal, 2006; Méndez, 2009). Los parámetros pueden influir el crecimiento o evolución del hato de forma directa (mortalidad, ventas, compras) o de forma indirecta (tasa de remplazos, fertilidad, intervalo entre partos) (Méndez, 2009; Espinoza-García, et al., 2010).

La estructura de hato describe la naturaleza y características productivas de los individuos que componen las fracciones de una población (Álvarez y Ducoing, 2006). Su relación con el desarrollo de hato es que mientras la estructura de hato muestra la forma en que se encuentran clasificados los  animales dentro del hato en etapas o clases, el desarrollo de hato describe la evolución o crecimiento de las mismas en el tiempo (Vidal, 2006).

En un hato la población puede estar fraccionada o clasificada en etapas cronológicas o productivas de acuerdo con criterios de edad, sexo, número de parto, estado reproductivo, grupo genético, categorías de manejo (González, 2002; Álvarez y Ducoing, 2006). Si el periodo de análisis se fracciona en etapas (meses o años) es factible presupuestar entonces las existencias de ganado y con ello estimar la producción del hato (Vidal, 2006). La ventaja de conocer como está estructurado un hato, es que permite hacer un desglose de los animales en cada una de las etapas, detectar los errores de manejo (reproductivo, nutricional, alimenticio), conocer y evaluar la cantidad y costos de producción y la productividad del hato, así como proyectar el comportamiento productivo de una población animal bajo diferentes escenarios y con indicadores sujetos a cambio (Álvarez y Ducoing, 2006).

El volumen total de la producción de un hato en términos absolutos, será el resultado de la suma de las producciones mostradas por cada uno de los animales que componen el hato. De ahí que la producción está ligada directa y estrechamente con el número y calidad de animales que dentro del hato son los dedicados directamente a producir, es decir las hembras en lactación por año y los becerros destetados por lote de empadre en cada año (Ducoing, 2008). Por ello, es importante contar con información precisa acerca de los diferentes grupos de animales que componen el hato bovino en particular, para así tener claramente establecida su estructura poblacional y con ello enfocar sus estrategias de planeación a los grupos que participarán directamente en el programa reproductivo (Ducoing, 2008).

El desarrollo de la práctica abordará el manejo de los elementos necesarios para realizar un ejemplo de proyección de desarrollo de hato. Dependiendo de las facilidades de información el ejercicio podrá realizarse *a priori* simulando un proyecto hipotético o se desarrollará un proyecto *a posteriori* para evaluar lo sucedido en un determinado hato. Para cualquiera de los dos casos se utilizará un modelo algebraico lineal, propuesto por Villegas *et al.*, (1989), para definir la estructura ideal del hato, basado en la capacidad de carga del rancho. Una vez definida la estructura ideal del hato, se proyectará el desarrollo del hato y se pronosticarán los beneficios resultantes de cada ciclo de producción. Como parte del objetivo de la práctica los alumnos aprenderán a diseñar y estructurar una hoja electrónica de cálculo para la simulación de escenarios productivos y proyectar la producción esperada.

OBJETIVO GENERAL

A través de esta práctica se pretende que el estudiante:

Proyecte el desarrollo de hato de la unidad de producción considerando: composición del hato, compra de ganado, mortalidad, ventas y datos de producción.

OBJETIVO ESPECIFICO

A través de esta práctica se pretende que el estudiante:

1. Elabore un desarrollo de hato en sistemas vaca-becerro.

2. Elabore un desarrollo de hato en sistemas de engorda en corral.

ACTIVIDADES

El estudiante, en el contexto de las unidades de producción de bovinos, tanto en el trópico como en el altiplano, realizará en equipo las siguientes actividades:

1. Recabarán la información técnica de una unidad de producción por evaluar.

2. Integrarán la información lograda en las prácticas precedentes.

3. Diseñarán y elaborarán una hoja electrónica de cálculo para proyectar el desarrollo de hato.

4. Determinará la estructura ideal del hato de acuerdo a la capacidad de carga.

5. Desarrollarán la proyección del desarrollo de hato.

6. Proyectarán la producción esperada después una vez definido un determinado escenario productivo.

HABILIDADES Y DESTREZAS A ADQUIRIR

El alumno será capaz de:

1. Diseñar y desarrollar un programa u hoja de cálculo para simular escenarios productivos y proyectar resultados.

2. Incorporar procedimientos matemáticos y algoritmos en sus procedimientos de análisis y evaluación.

3. Utilizar modelos predictivos para evaluar situaciones presentes y desarrollar medidas a futuro.

4. Estructurar proyectos productivos a futuro susceptibles de financiamiento, basado en fundamentos matemáticos predictivos.

DESARROLLO DE LA PRÁCTICA

La práctica iniciará con una sesión introductoria por parte del profesor para que el estudiante se familiarice con la proyección del desarrollo de hato. Para que reconozca la importancia y las ventajas del desarrollo de hato para una unidad de producción ganadera y su relación con el comportamiento productivo del ganado.

Para el desarrollo de la práctica, el grupo se dividirá en equipos de trabajo donde cada equipo deberá seleccionar una unidad de producción ganadera en particular o un escenario potencial, para el cual realizarán el desarrollo de hato.

Definición del escenario

El equipo en conjunto definirá el tipo de escenario con el cual trabajará durante esta sesión. En su caso podrá ser la evaluación de un hato ya existente o la construcción de un proyecto de un hato potencial. Para ambos casos habrán de buscar información a partir de registros técnico productivos de la unidad de producción o si fuera el caso integrarán información existente en forma bibliográfica. El equipo deberá investigar el flujograma del ciclo productivo del hato, para establecer la estructura de hato y definir los algoritmos donde aplicarán los procedimientos matemáticos.

Obtención de información

Los equipos destinarán un tiempo fijo para realizar una búsqueda de información relacionada con la proyección de desarrollo de hato e indicadores técnicos. Identificarán los indicadores necesarios para construir un la proyección poblacional del hato.

Definición del flujograma y creación de algoritmos

Una vez definido el escenario y conociendo los programas y procesos más relevantes. El equipo desarrollará un diagrama de flujo productivo, definiendo los algoritmos del proceso (pasos, secuencia, alternativas y tiempos) sobre los que se aplicarán fórmulas matemáticas para medir o simular los efectos y resultados de un determinado escenario productivo.

Construcción de hoja de cálculo

Los equipos deberán estructurar con el auxilio del profesor una hoja de cálculo para proyectar el desarrollo de hato. La hoja de cálculo deberá cubrir 4 elementos fundamentales:

A. Definir la estructura de hato ideal considerando la capacidad de la unidad de producción.

B. Desarrollar el crecimiento y evolución de la estructura de hato en el tiempo a través de ciclos productivos (años). Proyectar ingresos y bajas al inventario del hato.

C. Proyectar resultados del comportamiento productivo del hato en términos de productos vendibles (becerros a destete, desechos).

D. Proyectar el nivel de ingresos posibles (margen bruto) como resultado de la comercialización de los productos generados.

Proyección del desarrollo de hato

Con la estructura de la hoja de cálculo y la información disponible, realizarán la proyección del desarrollo del hato. De acuerdo a la estructura simularán diversos escenarios y definirán el resultado en términos de: 1) definición de la estructura del hato, 2) descripción de la evolución del crecimiento de la población, 3) describir resultados de la producción y 4) determinara el nivel de ingresos totales por concepto de comercialización del producto generado.

Análisis de información

Con los resultados de la proyección del desarrollo de hato y su producción, el equipo deberá formular conclusiones objetivas y fundamentadas de los puntos críticos que resulten. Deberá formular alternativas y recomendaciones que aseguren la viabilidad del proyecto. Acotará los puntos más relevantes que ameriten atención técnica especializada, la forma en que deban ser atendidos y los objetivos primordiales de cada punto.

FORMA DE EVALUACIÓN DE LA PRÁCTICA

La evaluación del equipo se realizará mediante la elaboración de un reporte ejecutivo y una presentación oral, destacando los puntos medulares del proceso evaluado, los resultados y sus conclusiones. El equipo deberá estructurar una presentación que someterá a consideración pública para la discusión de sus resultados. El informe y presentación deberá anexar la correspondiente hoja de cálculo, la cual además deberá intercambiar entre sus compañeros, como parte de un ejercicio de retroalimentación.

BIBLIOGRAFÍA
1. Álvarez R. y Ducoing W.A. Desarrollo de rebaño para la producción caprina. Cd. México. FMVZ-UNAM. 2006.
2. Ducoing W.A. 2008. Planeación, organización y evaluación de programas reproductivos en caprinos. www.amaltea.fmvz.unam.mx/.../Planeacion%20y%20 evaluacion%20repro...
3. Espinoza-García J. A. y otros, 2010. Administración de ranchos con base en el uso de registros técnicos y económicos. Libro Técnico N°3. Segunda edición ed. México: CENIDMA-INIFAP.
4. González C.A. 2002. Protocolo de análisis de información de fincas ganaderas (documento preliminar). Centros de servicios tecnológicos ganaderos. Fondo Nacional del Ganado. FEDEGAN. Bogotá. Septiembre 4, 2002. www.compuagro. net/Tour/Protocolo%20de%20analisis.pdf
5. Méndez O. L., 2009. Formulación de un anteproyecto de inversión. Práctica 1. En: MANUAL DE PRÁCTICAS DE PRÁCTICA DE ADMINISTRACIÓN

DE EMPRESAS. FMVZ-UNAM. Pp., 4-14. www.fmvz.unam.mx/fmvz/.../ coepa/.../15_ADMINISTRACION.doc

6. SAGARPA. 2011a. Giro Pecuario. www.sra.gob.mx/sraweb/ datastore/.../10_GIRO_PECUARIO_2011.p...

7. SAGARPA, 2011b. Selección y manejo reproductivo de la hembra bovina productora de carne y de doble propósito en pastoreo. Guía PROGAN. Programa de Uso Sustentable de Recursos Naturales para la Producción Primaria. Componente Producción Pecuaria Sustentable y Ordenamiento Ganadero y Apícola (PROGAN). Coordinación General de Ganadería. SAGARPA. INIFAP.

8. Vidal Múgica, Ricardo. 2006. Gestión de la Producción Animal. Unidad de Gestión de la Producción Animal, ICATC. Universidad Austral de Chile. 1-17. *intranet.uach.cl/dw/canales/repositorio/archivos/1015.pdf*

9. Villegas VE, Green JJ y Aguilar VA. Sistema de programación y control en administración agropecuaria. En: Aguilar VA. y col. Administración Agropecuaria. 4ª. Ed. Noriega Editores. 1989: 349-420.

BIBLIOGRAFÍA BÁSICA

Libro electrónico Zootecnia de Bovinos de Carne I. Proyecto "Integración del área tecnológica- informativa para mejorar el proceso de enseñanza-aprendizaje en las cátedras de zootecnia de Bovinos de carne I y II. FMVZ, UNAM. (PAPIME PE 206806). 2009

BIBLIOGRAFÍA COMPLEMENTARIA

1. Hinojosa J.A., Alfaro, H.: Evaluación Económica financiera de proyectos de Inversión. Ed. Trillas, México, 2000.

2. Leland T. Blank Anthony J. Torquin: Ingeniería Económica. 4° Edición, McGraw-Hill, Colombia, 2000.

3. Manual de Buenas Prácticas Pecuarias en el Sistema de Producción de Ganado Bovino Productor de Carne en Confinamiento, AMEG, SAGARPA-SENASICA, 2010.

4. Alassia Gustavo, Gatti Zulma, Stefanazzi Diego: Diseño y evaluación de Proyectos Agroindustriales. Proyecto de Inversión: Engorde Bovino a Corral. Universidad Nacional de la Pampa, Facultad de Agronomía. Licenciatura en Administración de Negocios Agropecuarios, 2008.

5. Fisiología Veterinaria e Introducción a los Procesos Productivos. Departamento de Fisiología y Farmacología, FMVZ, UNAM 2010.

6. Giovambattista G., Peral G.P.: Genética de animales domésticos. Buenos Aires: Inter-Medica, 2010.

7. Suárez Domínguez H.: Producción de Bovinos para Carne en Confinamiento. Universidad Autónoma de Chapingo, México. 2011.

8. Mota R. D., Guerrero L.I., Roldan S.P. Aguilar A.E., González L.M, Orozco G.H.O., Bolaños L.D.J., Becerril H.M.: Moduladores del crecimiento animal. Universidad Autónoma Metropolitana-Xochimilco, México, 2012.

9. Ramírez Lozano, R.G. Nutrición de rumiantes: Sistemas extensivos. 2° ed. México: Trillas, UANL, 2009.
10. Church, D.C., Pond, W.G., Pond, K.R. Fundamentos de nutrición y alimentación de animales/D.C. Church. México: Limusa, 2006.
11. Hiriart Le-Bert, M., Ensilados: Procesamiento y calidad. 2° ed. México: Trillas, 2008.
12. Durán Ramírez F., Duran Naranjo., Manual del ganadero actual. (Tomo I y II), 2° Ed. Colombia: Grupo Latino Ltda, 2010.
13. Cebrían Yague, L.M., Pastor Messeguer, Ramos Antón, J.J., Ferrer Mayayo, L. M., La exploración clínica del ganado vacuno. España: Servet, 2008
14. Trueta Santiago, R. Proyectos ganaderos; teoría y práctica. México: Manual Moderno, 2009
15. Pazos, A.A., García Fronti, M.S., Gestión agrícola ganadera utilizando Microsoft Excel. Argentina: Omicron System, 2005
16. Administración de empresas agropecuarias/ Basado en el trabajo de Henk W. Ten Brinke. 2°.ed: México: Trillas; SEP, 2007
17. Manchén, A. Tablas dinámicas en Excel 2007. México: Alfaomega. 2009.
18. Pech Martínez, V. Administración de empresas agropecuarias: los agros negocios en el siglo XXI. México: UADY, 2004.
19. Rodríguez Absi, J. Dinámica de sistemas de pastoreo. México: Trillas. 2010.
20. White, M.E. Consultant: a diagnostic support system for veterinary medicine. Cornell University. 23 de mayo de 2013. http://www.vet.cornell.edu/consultant/

ANEXO A

Para complementar la evaluación se empleará la siguiente rubrica por alumno y esto se hará en cada una de las prácticas contempladas en este manual.

N°	Criterio	Peso (%)	Nulo	Intermedio	Ejemplar	Puntaje asignado	Nota final **
		100%	0 - 9	10 -14	15 - 20		0
1	Puntualidad.	10	No asistió.	Llegó más de 10 minutos tarde.	Llegó a la hora.		0
2	Materiales para realizar la práctica.	10	No trajo los materiales indicados.	Trajo algunos materiales para la práctica.	Trajo todo los materiales para la práctica.		0
3	Conocimiento previo de la práctica.	10	No revisó en el manual la práctica programada.	Revisó superficialmente lo que hay que hacer en la práctica.	Revisó el manual y está enterado de las actividades que hay que hacer en la práctica.		0
4	Conoce y maneja los programas de software o información pertinente.	20	No sabe manejar los programas de software o información pertinente para la realización de la práctica.	Opera lentamente, muestra falta de práctica y poco conocimiento del software o de la información pertinente para la realización de la práctica.	Opera correctamente, el software o la información pertinente para la realización de la práctica.		0
5	Participación en el desarrollo de la practica	15	No aporta, solo hace lo que le indican sus compañeros.	Realiza algunos aportes para el desarrollo de la práctica.	Participa activamente en la realización de la práctica		0
6	Organización del equipo de trabajo	10	No presenta organización alguna.	Pobremente organizados.	Bien organizados.		0

| 7 | Presentación del informe de trabajo realizado. | 25 | Solo describe el procedimiento de la práctica adjuntando resultado sin ningún tipo de análisis. | Describe procedimientos, adjunta resultados y realiza un análisis superficial de los mismos, no presenta gráficos ni esquemas que ayuden a la interpretación. | Describe procedimientos, se apoya en gráficos, esquemas y planos, adjunta resultados y presenta todo su análisis y discusión, así como recomendaciones. | | 0 |
| | | | | | | Total= | 0 |

**El puntaje obtenido se multiplica por el peso correspondiente para obtener el puntaje de la nota final.

ANEXO I

PRÁCTICA 2

Climatografía del rancho:

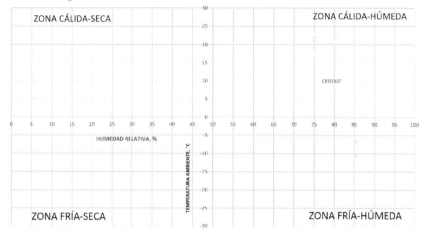

Figura 1. Carta climatográfica. Formato auxiliar para la descripción gráfica del clima de un sitio en particular. En el eje de coordenadas se encuentran representadas las temperaturas ambiente promedio de cada mes y el promedio mensual de humedad relativa.

Helitograma del rancho:

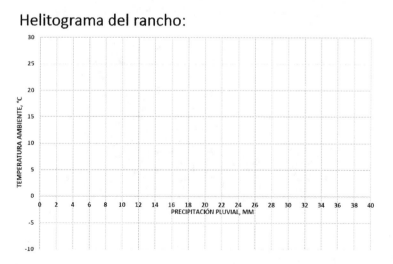

Figura 2. Carta Helitográfica. Formato auxiliar para la descripción gráfica del clima de un sitio en particular. En el eje de coordenadas se encuentran representadas las temperaturas ambiente promedio de cada mes y el promedio mensual de precipitación pluvial.

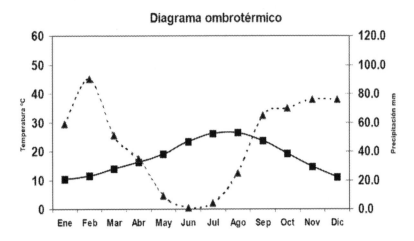

Figura 3. Ejemplo de Carta Ombrotérmica. Diagrama auxiliar para la descripción gráfica del clima de un sitio en particular. En el eje de coordenadas se encuentran representadas las temperaturas ambiente promedio de cada mes y el promedio mensual de precipitación pluvial a lo largo de el año. Son de utilidad para describir la disponibilidad forrajera.

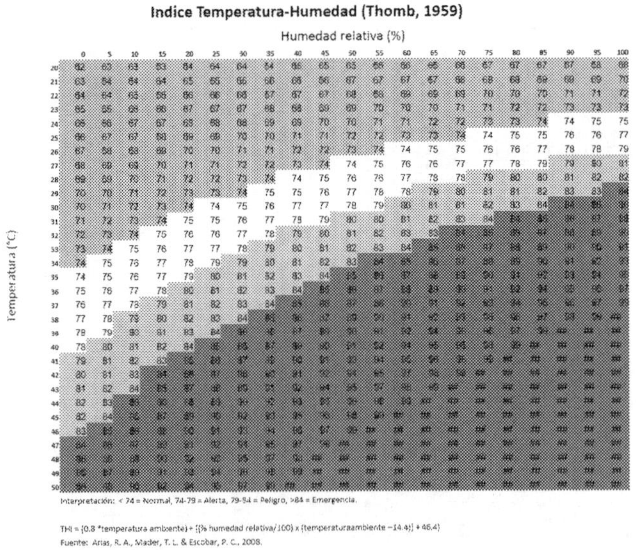

Figura 4. Carta de Índice Temperatura-Humedad. La carta señala los días de riesgo de estrés calórico del ganado de acuerdo al índice calculado a partir de la temperatura y humedad relativa de la región.

ANEXO II

PRÁCTICA 4

Tabla 1. Escala de tamaño en machos para edades de 5 a 21 meses (centímetros de altura a la cadera*)

Edad en meses	Calificación al tamaño								
	1	2	3	4	5	6	7	8	9
5	85.1	90.2	95.3	100.3	105.7	110.7	115.8	121.2	126.2
6	88.4	93.5	98.6	103.6	109.0	114.0	119.1	124.2	129.5
7	91.4	96.5	101.6	106.9	112.0	117.1	122.2	127.3	132.6
8	94.5	99.6	104.6	109.7	114.8	119.9	125.2	130.3	135.4
9	97.0	102.1	107.4	112.5	117.8	122.7	127.8	132.8	137.9
10	99.6	104.6	110.0	115.1	120.1	125.2	130.3	135.4	140.5
11	102.1	107.2	112.3	117.3	122.4	127.5	132.6	137.7	142.7
12	104.1	109.2	114.3	119.4	124.5	129.5	134.6	139.7	144.8
13	105.2	111.3	116.3	121.4	126.5	131.6	136.7	141.7	146.6
14	108.0	113.0	118.1	123.2	128.0	133.1	138.2	143.3	148.3
15	109.5	114.6	119.6	124.7	129.8	134.6	139.7	144.8	149.9
16	110.7	115.8	120.9	126.0	131.1	136.1	141.2	146.1	151.1
17	112.0	117.1	122.2	127.3	132.1	137.2	142.2	147.3	152.4
18	113.0	118.1	123.2	128.3	133.1	138.2	143.3	148.3	153.2
19	114.0	118.9	124.0	129.0	133.9	138.9	144.0	149.1	153.9
20	114.6	119.6	124.7	129.5	134.6	139.7	144.5	149.6	154.7
21	115.1	120.1	125.0	130.0	135.1	140.0	145.0	150.1	154.9

Tamaño = [-11.546+(0.152 x Talla)-(0.0389 x Edad) + (0.00001547 x (Edad²)) + (0.00021325 x Talla x Edad)]
*La edad está expresada en días y la talla en centímetros.

Tabla 2. Escala de tamaño en hembras para edades de 5 a 21 meses (centímetros de altura a la cadera*)

Edad en meses	Calificación del tamaño								
	1	2	3	4	5	6	7	8	9
5	84.1	89.2	94.5	99.8	104.9	110.2	115.6	120.7	126.0
6	86.6	91.9	97.0	102.4	107.4	112.8	118.1	123.2	128.5
7	89.2	94.2	99.6	104.6	110.0	115.1	120.4	125.5	130.8
8	91.4	96.5	101.9	106.9	112.0	117.3	122.4	127.5	132.8
9	93.5	98.8	103.9	109.0	114.0	119.4	124.5	129.5	134.6
10	95.5	100.6	105.7	111.0	116.1	121.2	126.2	131.3	136.7
11	97.3	102.4	107.4	112.5	117.9	122.9	128.0	133.1	138.2
12	99.1	104.1	109.2	114.3	119.4	124.5	129.5	134.6	139.7
13	100.6	105.7	110.7	115.6	120.7	125.7	130.8	135.9	141.0
14	101.9	106.9	112.0	117.1	121.9	127.0	132.1	137.2	142.2
15	103.1	108.2	113.0	118.1	123.2	128.3	133.1	138.2	143.3
16	104.1	109.2	114.0	119.1	124.2	129.0	134.1	139.2	144.0
17	105.2	110.0	115.1	119.9	125.0	129.8	134.9	140.0	144.8
18	105.9	110.7	115.8	120.7	125.7	130.6	135.8	140.5	145.5
19	106.4	111.5	116.3	121.2	126.2	131.1	136.1	141.0	145.8
20	106.9	112.0	116.8	121.7	126.5	131.6	136.4	141.2	146.3
21	107.4	112.3	117.1	121.9	127.0	131.8	136.7	141.5	146.6

Tamaño = [-11.8088 + (0.1809xTalla) - (0.038xEdad) + (0.0000146 x (Edad²)) + (0.0002165 x Talla x Edad)]
*La edad está expresada en días y la talla en centímetros.

Tabla 3. Calificación de talla para Machos Maduros

Edad en meses	Calificación al tamaño										
	1	2	3	4	5	6	7	8	9	10	11
24	117.9	122.7	127.8	132.8	136.9	142.2	147.3	152.4	157.5	162.6	167.6
30	120.1	125.2	130.3	135.1	139.4	144.8	149.9	154.9	160.0	165.1	170.2
36	121.9	127.0	131.8	136.7	141.0	146.1	151.1	156.2	161.3	166.4	171.2
48	123.2	128.0	132.8	137.4	142.0	147.3	152.4	157.5	162.3	167.1	172.0

Tabla 4. Calificación de talla para Vacas Maduras

Edad en meses	Calificación del tamaño										
	1	2	3	4	5	6	7	8	9	10	11
24	109.5	114.3	119.1	124.0	128.8	133.4	138.4	143.5	147.8	152.7	157.5
30	111.3	116.3	120.7	125.5	130.3	134.9	140.0	144.8	149.6	154.4	158.8
36	112.3	117.1	121.9	126.5	131.6	136.1	141.0	145.3	150.4	154.9	159.5
48	113.3	118.1	122.4	127.0	132.1	136.9	141.7	146.1	150.9	155.4	160.0

ANEXO III

PRÁCTICA 10

Cuadro 1. Indicadores técnico productivos para el modelo de simulación de comportamiento productivo del hato para un determinado año con dos posibles escenarios			A	B	dif
Tamaño del hato de vientres	HA	Cabezas	100	280	180
Parámetros de entrada	Código	Unidades	Valor base A	Valor base B	dif
Hembras de Reemplazo					
(Richards) a	HRa	Parámetro	536.6	536.6	0.0
(Richards) b	HRb	Parámetro	0.996	0.996	0.0
(Richards) c	HRc	Parámetro	0.000731	0.000731	0.0
(Richards) m	HRm	Parámetro	0.54	0.54	0.0
Peso destete	PDH	kg	200	200	0.0
Margen seguridad (destete a novillas)	MSDN	%	10	10	0.0
Descarte involuntario (Destete-Parto)	DIDP	%	4	0	-4.0
Peso a primera monta	PPM	kg	320	320	0.0
Rendimiento en canal novillas desecho	RCNA	%	54.2	54.2	0.0
Machos de Engorde					0.0
(Richards) a	MRa	Parámetro	767.6	767.6	0.0
(Richards) b	MRb	Parámetro	0.9762	0.9762	0.0
(Richards) c	MRc	Parámetro	0.00124	0.00124	0.0
(Richards) m	MRm	Parámetro	0.869	0.869	0.0
Peso destete	PDM	kg	180	220	40.0
Peso a sacrificio	PSNO	kg	450	450	0.0
Descarte involuntario (Destete-Sacrificio)	DIDS	%	2	2	0.0
Rendimiento en canal	RCNO	%	60.2	60.2	0.0
Hato de cría					0.0
Tasa de Preñez	TP	%	84.7	84.7	0.0
Tasa de Mortalidad Prenatal	TMPN	%	2.9	2.9	0.0
Descarte involuntario	DIA	%	2	2	0.0
Longitud Preñez	LP	d	270	270	0.0
Periodo Abierto	PA	d	124	124	0.0
Mortalidad pre-destete	TMPD	%	7.1	7.1	0.0
Partos a Descarte	PD	n	5	5	0.0
Peso promedio vaca desecho	PPVD	kg	450	450	0.0
Rendimiento en canal vacas desecho	RCVD	%	52.8	52.8	0.0
Parámetros Económicos					0.0
Precio kg pie hembra destetada	$PHD	$ kg^{-1}	18.00	11.04	-7.0
Precio kg canal vaca desecho	$CVD	$ kg^{-1}	26.26	26.60	0.3
Precio kg canal novillas	$CNA	$ kg^{-1}	28.72	29.13	0.4
Precio kg canal novillo	$CNO	$ kg^{-1}	34.14	34.58	0.4
Costo Base nacimiento a destete	$CBND	$ un^{-1} año^{-1}	267.85	271.32	3.5
Costo Base desarrollo (machos y hembras)	$CBD	$ un^{-1} año^{-1}	835.07	845.88	10.8
Costo Base engorde machos	$CBEM	$ un^{-1} año^{-1}	899.41	911.05	11.6
Costo Base vaca adulta	$CBVA	$ un^{-1} año^{-1}	2,413.29	2,433.90	20.6
Costo por administración	$CAD	$ año^{-1}	100,000.00	159,600.00	59,600.0

Fuente: Modificado y adaptado de Galindo J. y Vargas B. 2009. Modelo estocástico para evaluación bio-económica de un sistema de producción bovino de cría y engorde bajo condiciones de pastoreo. Livestock Research for Rural Development 21 (5) 2009.
http://www.lrrd.org/lrrd21/5/gali21062.htm

Los cuadros 1 y 2 muestran el campo de entradas y de salida, respectivamente de un modelo construido en una hoja electrónica

Excel Versión 2013 (Microsoft Corporation 2013). El modelo mostrado, corresponde a la adaptación del modelo de simulación publicado por Galindo J. y Vargas B. (2009). La adaptación del modelo original hecho por los profesores de la materia de Práctica de Bovinos de Carne, consiste en la incorporación de un campo adicional de entrada de información (escenario A) en el cuadro 1, con el correspondiente campo para el escenario A en el cuadro de salida o resultados (cuadro 2). La adaptación tiene como finalidad realizar un análisis comparativo y simultáneo entre dos escenarios posibles. Para mejorar la comprensión de las interacciones entre las variables en los dos escenarios.

El ejemplo en turno, es la simulación de producción de un hato de cría y engorde en estado de equilibrio. El tamaño del hato de cría se asume fijo en 280 cabezas (escenario original publicado por los autores, escenario B), con producción de reemplazos dentro del mismo hato. Las hembras de reemplazo son criadas hasta el destete, momento en el cual se realiza un primer descarte de las hembras que no serán utilizadas para reemplazo. Posteriormente pasan a la etapa de desarrollo hasta alcanzar el peso de entrada a monta e ingresar al hato de cría. Todas las hembras son servidas por monta natural con sementales de raza Brahman o sementales cruzados con razas *Bos taurus* Charoláis o Simmental. Los cruzamientos se realizan buscando mantener una predominancia de la raza Brahman. Los machos son criados y engordados hasta alcanzar un peso de sacrificio de aproximadamente 450 kg. El modelo original estima la productividad bioeconómica del hato durante un periodo de un año calendario. Se consideraron distintas variables de entrada (cuadro 1) especificadas con base en el rendimiento productivo y reproductivo real observado en el hato (Galindo J. y Vargas B.; 2009).

Parámetro	Código	Unidad	Promedio de cada escenario A	Promedio de cada escenario B	dif
Hembras-Edad a Primera monta	EPM	años	1.80	1.80	0.0
Hembras-Ganancia de Peso	GPHE	kg día^{-1}	0.441	0.441	0.0
Hembras-Edad a Primer Parto	EPP	años	2.73	2.73	0.0
Hembras-Vida Productiva	VP	años	5.40	5.40	0.0
Hembras-Vida Útil	VU	años	8.12	8.12	0.0
Crías Nacidas	CN	n año^{-1}	73.93	206.99	133.1
Terneros (as) destetados	TD	n año^{-1}	68.68	192.30	123.6
Tasa de destete	TDT	%	68.68	68.68	0.0
kgs terneros × vaca expuesta	kTVE	kg año^{-1}	130.49	144.22	13.7
kgs terneros destete total	kTT	kg año^{-1}	13,048.75	40,382.44	27,333.7
kgs ternera destete a venta	kTDV	kg año^{-1}	3,717.78	12,608.49	8,890.7
Novillos a sacrificio	NOS	n año^{-1}	33.65	94.23	60.6
kgs novillos a sacrificio	kNOS	kg/año	15,143.42	42,401.56	27,258.1
Novillas a Sacrificio	NAS	n año^{-1}	1.23	3.45	2.2
kgs novillas a venta	kNAV	kg año^{-1}	393.91	1,102.94	709.0
kgs Vacas a Desecho	kVD	kg año^{-1}	2,924.77	8,189.35	5,264.6
Tasa de reemplazo	TR	%	12.31	12.31	0.0
Hembras requeridas a 1er parto	HR1P	n año^{-1}	12.31	34.47	22.2
Machos Ganancia Peso a Sacrificio	GPM	kg día^{-1}	0.689	0.689	0.0
Edad a Sacrificio Novillos	ESNO	años	1.67	1.67	0.0
Ingreso por venta carne	I	$ año^{-1}	424,816.89	1,154,295.00	729,478.1
Costos	CT	$ año^{-1}	424,531.56	1,077,118.37	652,586.8
Utilidad	UN	$ año^{-1}	285.33	77,176.63	76,891.3
Rentabilidad	RT	%	0.07	6.69	6.6
Precio de equilibrio	PE	$ kg^{-1}	32.53	26.67	-5.9

Cuadro 2. Resultados obtenidos con el modelo de simulación comparativa

Fuente: Modificado y adaptado de Galindo J. y Vargas B. 2009. Modelo estocástico para evaluación bio-económica de un sistema de producción bovino de cría y engorde bajo condiciones de pastoreo. Livestock Research for Rural Development 21 (5) 2009. http://www.lrrd.org/lrrd21/5/gali21062.htm

El cuadro 3 muestra un ejemplo del programa realizado por los Profesores de la Asignatura de Bovinos de Carne con el propósito docente de ejemplificar un programa basado en modelos de simulación escenarios para estimar la rentabilidad, factibilidad competitividad de un sistema de producción.

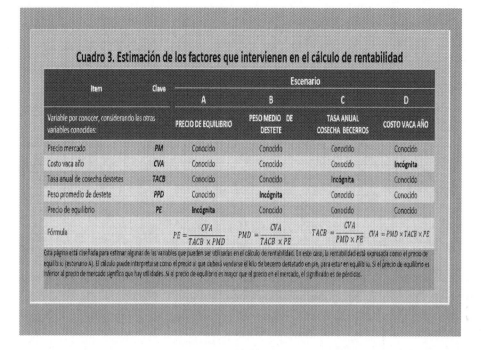

Cuadro 3. Estimación de los factores que intervienen en el cálculo de rentabilidad

Item	Clave	Escenario			
		A	B	C	D
Variable por conocer, considerando las otras variables conocidas:		PRECIO DE EQUILIBRIO	PESO MEDIO DE DESTETE	TASA ANUAL COSECHA BECERROS	COSTO VACA AÑO
Precio mercado	PM	Conocido	Conocido	Conocido	Conocido
Costo vaca año	CVA	Conocido	Conocido	Conocido	Incógnita
Tasa anual de cosecha destetes	TACB	Conocido	Conocido	Incógnita	Conocido
Peso promedio de destete	PPD	Conocido	Incógnita	Conocido	Conocido
Precio de equilibrio	PE	Incógnita	Conocido	Conocido	Conocido
Fórmula		$PE = \dfrac{CVA}{TACB \times PMD}$	$PMD = \dfrac{CVA}{TACB \times PE}$	$TACB = \dfrac{CVA}{PMD \times PE}$	$CVA = PMD \times TACB \times PE$

Esta página está diseñada para estimar algunas de las variables que pueden ser utilizadas en el cálculo de rentabilidad. En este caso, la rentabilidad está expresada como el precio de equilibrio (escenario A). El cálculo puede interpretarse como el precio al que deberá venderse el kilo de becerro destetado en pie, para estar en equilibrio. Si el precio de equilibrio es inferior al precio de mercado significa que hay utilidades. Si el precio de equilibrio es mayor que el precio en el mercado, el significado es de pérdidas.

Las columnas A - D se refieren a las modalidades de análisis deseado, donde la columna A se emplea para determinar el precio de equilibrio por kilo de carne, columna B para determinar el peso al destete para ser rentable, la columna C determina las tasa de cosecha de becerros necesaria para la rentabilidad y la columna D determina el monto máximo permisible en el costo de mantenimiento vaca año (indicador de costos globales) para ser rentable y competitivo. Las entradas y salidas del modelo ocurren en la interfaz del programa de simulación que se muestra en el cuadro 4.

El cuadro 4 es el ejemplo de interfaz de un modelo de simulación desarrollado para propósitos docentes de la materia, y construido en el programa de Excel 2013 (Microsoft Corporation 2013). El programa funciona con un modelo desarrollado basado en los algoritmos y ecuaciones que se muestran en el cuadro 3.

Cuadro 4. Cálculo de variables de interés de acuerdo con el escenario en cuestión

		A	B	C	D
Variable por conocer, considerando las otras variables conocidas:		PRECIO DE EQUILIBRIO	PESO MEDIO DESTETE	TASA ANUAL COSECHA BECERROS	COSTO VACA AÑO
Precio mercado, $/kg	PM	$18.00	$12.00	$26.00	$26.00
Costo vaca año, $/año	CVA	$ 3,500.00	$ 5,000.00	$ 3,000.00	incógnita
Tasa anual de cosecha destetes, /100	TACB	0.80	0.85	incógnita	0.85
Peso promedio de destete, kg	PPD	200	incógnita	200	200
Precio de equilibrio, $/kg	PE	incógnita	$23.53	$23.53	$23.53
Interpretación:		Costo de producción por kilo en pie. Es el precio mínimo para la venta. Las ventas con valores inferiores representan pérdidas.	Es el peso medio de destete mínimo el que debieran tener los becerros de venta, considerando el precio por kilo en el mercado.	Es la tasa mínima de becerros cosechados, que se requiere para lograr el precio de equilibrio.	Es el costo máximo anual de mantenimiento que se puede gastar para lograr el punto de equilibrio.
Referentes:		Precio por kilo de peso en el mercado: 18.0	Peso histórico factible en el hato: 200.0	Tasa de cosecha máxima lograda históricamente: 0.60	Peso histórico factible en el hato: 200.0
Resultado en cada escenario:		precio mínimo de venta $21.88	peso mínimo destete 490.2	tasa mínima de cosecha 0.64	costo máximo por vaca $4,000.10
Significado:		¡Pérdidas!	Poco factible	Poco factible	
Explicación:		El costo de producción por kilo es mayor que el precio del kilo en el mercado...	Poco factible, el precio bajo en el mercado requiere becerros más pesados que el promedio histórico	Poco factible, el precio en el mercado exige más destetes, pero la tasa requerida rebasa la tasa requerida ni alcanza el promedio histórico	

Los campos de color gris claro están diseñados para la captura de información con la que se pretende el análisis. Los campos de color azul claro muestran los resultados del análisis efectuado (incógnitas). Adicionalmente el programa la interpretación y el significado del resultado en términos de factibilidad y competitividad.

SOBRE LOS AUTORES

JOSE ANTONIO FERNANDEZ RODILES

Médico Veterinario Zootecnista.
Maestría en Enseñanza Superior. (Con mención honorifica)
Doctorado en Pedagogía.
Profesor Titular "A" Tiempo completo
Profesor de la asignatura Zootecnia Bovinos de Carne (teoría) de 2008 a la fecha.
Profesor de la asignatura Zootecnia Bovinos de Carne (práctica) de 2008 a la fecha.
Docente titular en la asignatura de Alimentación Animal (Manejo de Pastizales), de la especialización en Producción Animal: Bovinos del Sistema Universidad Abierta, FMVZ, UNAM, 1990 a la fecha.
Tutor de alumnos de la especialidad de Bovinos del Sistema Universidad Abierta, FMVZ, UNAM. 2010 a la fecha.
Premio a la docencia Manuel Cabrera Valtierra 1991

ADOLFO KUNIO YABUTA OSORIO

Médico Veterinario Zootecnista.
Diplomado en Cría, Nutrición, Reproducción y Manejo
de ganado lechero (1994).
Internado en Medicina de Bovinos (1996).
Diplomado en Transferencia de Embriones (1997).
Maestría en Ciencias de la Producción Animal (2003).
Profesor Asociado C de tiempo completo
Profesor de asignatura de Producción de Bovinos Leche.
Profesor titular de Producción de Bovinos de Carne.
Profesor de Exterior y Manejo de los Animales.
Premio a la docencia Manuel Chavarría 2014